Zwischenräume Verlag

978-3-943663-30-3

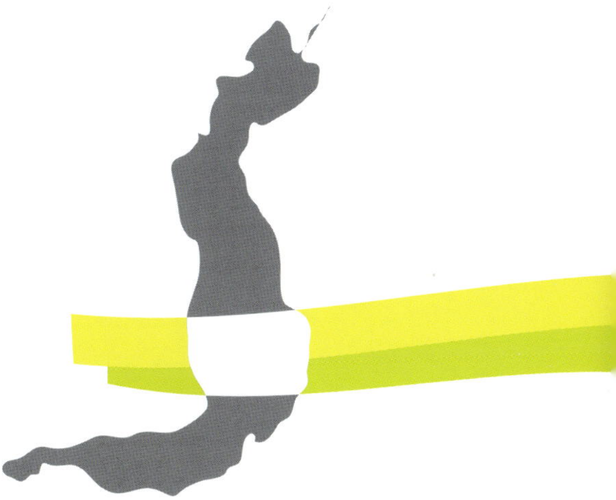

Die schönsten Wanderungen am Iseosee

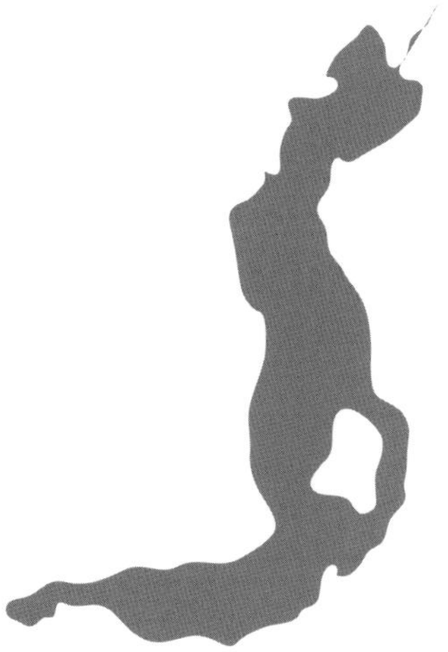

Zwischenräume Verlag

Ferienregion Lago d'Iseo

Der Iseosee ist einer der schönsten Seen Italiens! Er erfüllt mit seiner spektakulären Symbiose aus Wasser, Bergen und mittelalterlich anmutenden Ortsbildern die Vorstellung der meisten Besucher von der idealen Ferienregion.

Am Iseosee geht es noch weitgehend ruhig zu, große, von Menschenhand geschaffene Attraktionen fehlen und die Werbemaschinerie läuft immer noch ein wenig auf Sparflamme. Dass die Besucherzahlen in den letzten Jahrzehnten trotz allem eine erfreuliche Entwicklung aufzeigen, liegt zweifelsohne an dem, was See und Umgebung zu bieten haben: eine grandiose, vielfältige und wenig berührte Natur, Urlaub jenseits des Massentourismus, und das zu normalen Preisen. Der Iseosee ist zweifelsohne etwas Besonderes, es lohnt sich in jedem Fall, ihn zu besuchen und sich selbst ein Bild zu machen. Große Berühmtheit erlangte der See im Jahre 2016, als Christo und Jean Claude mit den Floating Piers den See von einem auf den anderen Tag zu einem Weltereignis emporhoben. Seither steigen die Besucherzahlen stetig an und die Preise für Unterkunft und vor allem Gastronomie haben sich deutlich erhöht.

Der Lago d'Iseo weist eine überaus sehenswerte Uferlinie auf: von steil abfallend im Nordwesten bis sanft ansteigend im Südosten und Süden. Zwischen Marone und Pisogne sowie auf der gegenüberliegenden Seeseite beeindrucken fast senkrechte Felsformationen mit abenteuerlichen Wegen am Ufer und in der Höhe. Die Berge erreichen direkt am See Höhen um die 1 500 m, sind bei einer Seehöhe von ca. 200 m also keine Hügelchen. Wanderungen zwischen 400 und 1 300 Höhenmetern sind möglich, schöne Gipfelblicke inklusive. Die Landschaft im Dreieck zwischen der Monte Isola und den Ortschaften Pisogne und Lovere im Norden des Sees ist für viele die schönste. Der Blick von Sale Marasino in Richtung nördlicher See ist begeisternd. Im Süden laufen die Berge allmählich aus, und schon nach kurzer Zeit erinnert nichts mehr an die mächtigen Alpen im Norden. Die Gegenden um Paratico, Sarnico und Clusane sind somit fast eben, der ein oder anderen Radtour steht also nichts im Wege; besonders schön ist die Strecke entlang des Flusses Oglio, der den See bei Sarnico verlässt. Mit Lovere, Pisogne und dem schon genannten Sarnico liegen drei größere Siedlungen an den Mündungen dieses Flusses, der sich vom Valle Camonica kommend im Norden in den See stürzt und ihn im Süden bei Sarnico ganz ruhig wieder verlässt.

Das im Süden liegende Iseo gibt dem Lago seinen Namen und ist die unangefochtene Nr. 1 am See, mit 8 000 Einwohnern sowieso die größte Gemeinde und zudem mit einem guten Angebot an Hotels und anderen Unterkünften ausgestattet. In den Monaten Juli und August ist hier der Bär am Tanzen, zahlreiche Cafés und Bars machen die Promenade zur Partymeile, alles aber im erträglichen Rahmen und auch familientauglich. Und auch die kleineren Orte, die sich hauptsächlich an der Ostseite finden, können mit den ‚großen' mithalten. Meist bieten sie gute Einstiege für attraktive Strecken zum Wandern und Bergsteigen und hübsch am Hang gelegene Unterkünfte, die mit schönen Blicken auf das Treiben unten in den Städten aufwarten können. Die große Isola, die allein schon eine Haupt-Attraktion darstellt und per Shuttlebetrieb mit dem Festland alle 20 Minuten verbunden ist, ist absolut sehenswert. Sie lässt sich zu Fuß wunderbar erkunden und bietet in jedem Ort eine kleine Besonderheit, die es zu entdecken gilt. Die Insel ist weitgehend autofrei! Wie auch am gesamten See findet sich in fast jeder Ortschaft ein vernünftiges Strandbad (kostenfrei) mit kleinen Kiosken, die mitunter eiskalte Getränke bereithalten. Meist geht es über Leitern ins türkis-grüne und klare Wasser; lediglich in sehr warmen Sommern werden gelegentlich Wasserpflanzen (Algen) ans Ufer gespült.

Mit der Weinbauregion Franciacorta hat sich in den letzten Jahrzehnten ein für die Region bedeutender Wirtschaftszweig entwickelt, der mit hoch dekorierten Schaumweinen von sich reden macht. Weindegustationen und Urlaub auf dem Weingut sind inzwischen ein fester Bestandteil des lokalen Angebots, zahlreiche, meist gehobenere Unterkünfte haben sich etabliert. Die Boario-Quelle versorgt zudem den ganzen See mit frischem Mineralwasser, rein naturale oder frizzante, wie es der deutsche Urlauber bevorzugt. In fast allen Restaurants wird es ausgeschenkt, es schmeckt vorzüglich. Die Karten der hiesigen Gastrobetriebe bieten im Wesentlichen Fisch aus dem See und dem Meer, Risotto mit Meeresfrüchten aller Art oder Pilzen und natürlich Pizza in allen Variationen. Fisch spielt allerdings immer die Hauptrolle, egal in welcher Verarbeitung; Polenta muss natürlich auch erwähnt werden, sie stammt aus den Bergen und schmeckt sehr gut.

Die Bergwelt rund um den Iseosee

Der Iseosee ist fast vollständig von Bergen umgeben, nur der südlichste Teil ist weitgehend bergfrei. Das Riesengebiet der Bergamasker Alpen (Alpi orobie) zieht sich vom Comer See herüber und endet hier an der Westseite des Lago d'Iseo bzw. am Val Camonica. Für Wanderer und Mountainbiker gleichermaßen interessant sind die schönen Gebirgstäler mit ihren steilen, aber aussichtsreichen Bergen im Umkreis von ca. 20 km. Die wichtigsten Täler sind Val Cavallina (Valle del Freddo), Valle di Fonteno, Val Calepio, Val Seriana, Valle del Monte und Val Borlezza. Für gelegentliche Touren genügen die ca. 1 000 m hohen Berge entlang der Westseite des Lago d'Iseo; wer höher hinaus möchte, muss bis hinter Clusone fahren oder ins weit abgelegene Val Brembana ausweichen. Spätestens im Parco Naturale delle Orobie Bergamasche warten die 3 000'er mit beeindruckenden Namen wie Pizzo del Diavolo, Monte Cadelle oder Monte Cabianca. Die Gebirgsgruppe am Ostufer des Sees trägt den wunderbaren Namen ‚Adamello-Presanella' und endet im Val Trompia (ab hier gehört dann alles zum Gebiet des Gardasees). Auch hier verlaufen einige zu Fuß begehbare Seitentäler, die bis auf Höhen von gut 1 000 m führen. Von Norden nach Süden: Valle del Trobiolo (Pisogne), Valle Vandul (Zone), Val di Gasso (Zone) und Valle dell'Opol (Marone).

Viel Spaß beim Wandern!

Die schönsten Wanderungen im Überblick

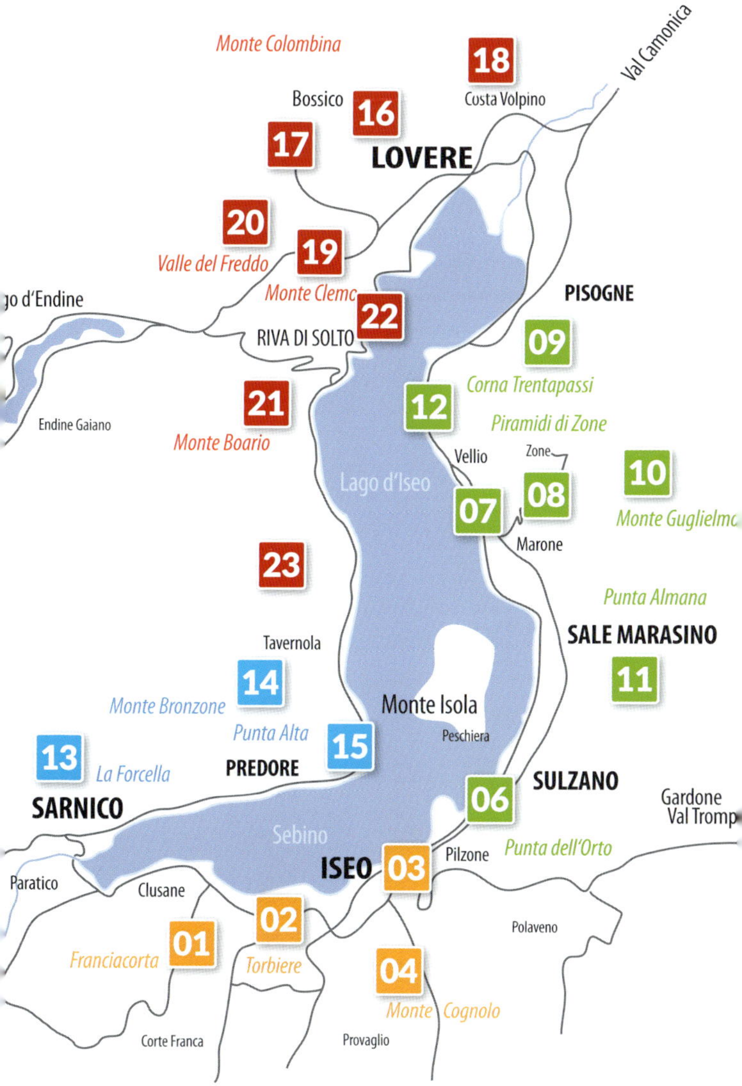

Iseo, Paratico, Clusane und **Provaglio**

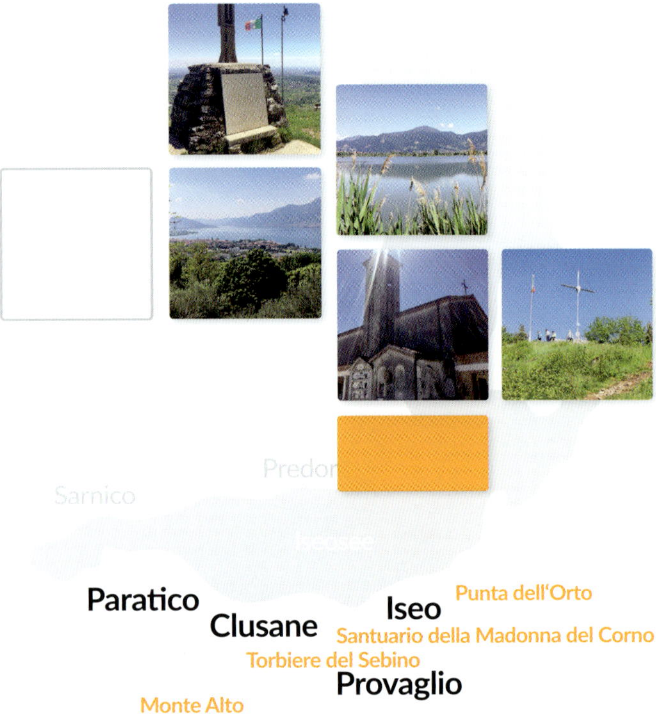

Die Stadt **Iseo** und das südliche Ende des Sees sind (nicht nur) das touristische Zentrum der Region Lago d'Iseo; hier befinden sich auch ein wenig Industrie und die Schaumweinproduktion. Der Fluss Oglio, der hier den Iseosee verlässt, teilt die Gegend in zwei politische Teile, **Sarnico** in der Provinz Bergamo und **Paratico** in der Provinz Brescia. Beide Gemeinden kämpfen um die Touristen und lassen sich immer wieder etwas Neues einfallen. So investiert Paratico in seine wirklich gut gelungene Promenade, die Cafés, Badestellen und den touristischen Hafen bietet. Sarnico punktet mit der schönen Altstadt, der beliebten und langen Seepromenade und den Bergen im Rücken. **Clusane** ist dagegen ein ruhiger Ort am See, Wassersport wird hier großgeschrieben.

TOUR 01 Der Monte Alto da Paratico *

Nach kurzem, anstrengendem Aufstieg erwarten Sie weite Ausblicke auf den südlichen See, Provaglio, die Berge oberhalb von Iseo und die Weinberge der Franciacorta. Zahlreiche Gipfelbänke sorgen für Entspannung.

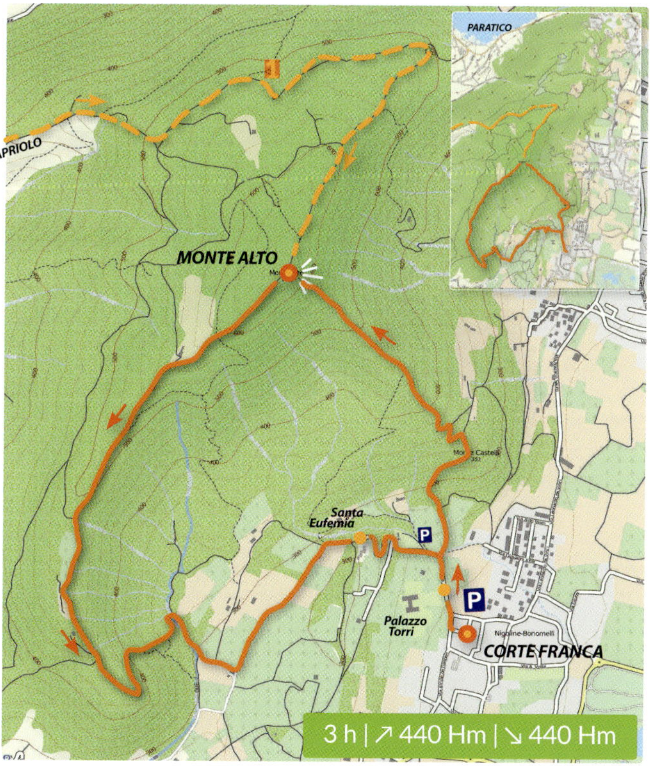

- **Ausgangsort**: Ortsteil Nigoline Bonomelli (Corte Franca)
- **Zielort**: Gipfel des Monte Alto (650 m)
- **Einkehrmöglichkeiten**: auf der Tour keine; im Ort die Bar Andromeda mit sonniger Terrasse (kleine Snacks)
- **Reine Gehzeit**: 2 - 3 h
- **Streckenlänge**: 7 km

Anfahrt | Die Wegstrecke beginnt am Parkplatz Via Padre M. Kolbe in Corte Franca im Ortsteil Nigoline Bonomelli, ca. 8 Plätze stehen zur Verfügung.

Charakteristik | Anfangs über Feldwege; anschl. steiler Weg auf Fels und Geröll; schattig. Der Gipfel ist frei, von Blumenwiesen umgeben. Der Rückweg führt auf unbefestigten, später stark ausgewaschenen Feld- und Waldwegen ins Tal.

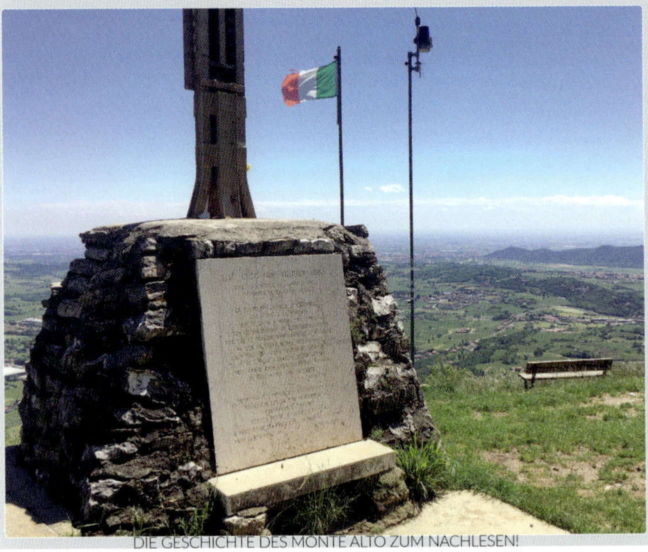
DIE GESCHICHTE DES MONTE ALTO ZUM NACHLESEN!

Tourbeschreibung | Gehen Sie zunächst westwärts zu den Weinbergen, folgen dann dem Schild Palazzo Torri, das nach 100 m zu dem gleichnamigen Hotel für Hochzeiten und Tagungen führt. Eine Infotafel informiert über die Geschichte des Hauses aus dem 17. Jahrhundert. Nach weiteren 200 m beginnt die Tour auf einem Wanderweg rechts von einer Wanderkarte, die allerdings wenig Aussagekraft bietet. Nach wenigen Schritten verlassen wir den gepflasterten Weg nach links; wir folgen der Beschilderung Scala Santa (rückseitig!). Steil und teilweise holprig geht es auf dem Ostrücken des Monte Alto auf meist ausgewaschenen Wegen in nur 30 - 45 min. auf den Gipfel. Der Weg ist schattig, aber kurz vor dem Gipfel lichtet sich der Wald und der Blick kann über den unteren See schweifen. Mehrere Bänke laden zu einer ausgiebigen Pause ein, wer will, legt sich in die Wiese und genießt die Stimmung hier oben. Das Gipfelkreuz ist gemessen an der Höhe des Berges eher überdimensioniert.

Der Rückweg führt auf demselben Weg zurück oder in einem weiten Linksbogen südwestwärts den Bergrücken hinunter; bei letzterem ist die Wegstrecke zunächst breit und sonnig, nach dem Bauernhof rechts taucht man in einen dunklen Laubwald ein, der nun immer wieder von Lichtungen unterbrochen wird. Diese Lichtungen stellen allerdings ein dunkles Kapitel in der Kulturgeschichte Italiens dar: obwohl verboten, befinden sich hier noch mehrere aktive Vogeljagdstationen, die einen mit Unverständnis und Wut zurücklassen. Wir folgen weiter dem Wegverlauf, bis sich links der Abstieg ins Tal andeutet; der Weg ist ab hier wirklich schwer zu gehen, die

Auswaschungen sind so stark, dass man bei feuchter Witterung die Schritte sorgfältig setzen muss (Alternativweg: in einer etwas weiteren Schleife rechts dem breiten Zugangsweg folgen, und unten im Tal die Ortschaft Adro und zwei Kirchlein streifen). Auf der ursprünglichen Strecke unten angekommen, hält man sich rechts und zweigt dann nach ca. 200 m beim Haus links auf einen schönen Wanderweg durch die Rebenlandschaft ab. Nach ca. 400 m taucht rechts die Kirche di Santa Eufemia samt Friedhof (Bild) auf. Jetzt nur noch der Straße folgen und der Ausgangspunkt ist erreicht.

Ausklang der Tour | Entlang der Promenade von Paratico, also vom Ortseingang (von Iseo kommend) bis zur Brücke hinüber nach Sarnico, befinden sich überraschend viele sympathische Strandbars, die um die Gunst der Gäste buhlen: von einfach bis schick ist hier alles dabei. Unser Tipp: die **Piadineria al porto** und die **Bar La Vela**, beide beim porto turistico! Alternativ ein hervorragendes Gelato in **Clusane**: die erst kürzlich eröffnete **Eisdiele Al Galeter** am See ist sehr empfehlenswert.

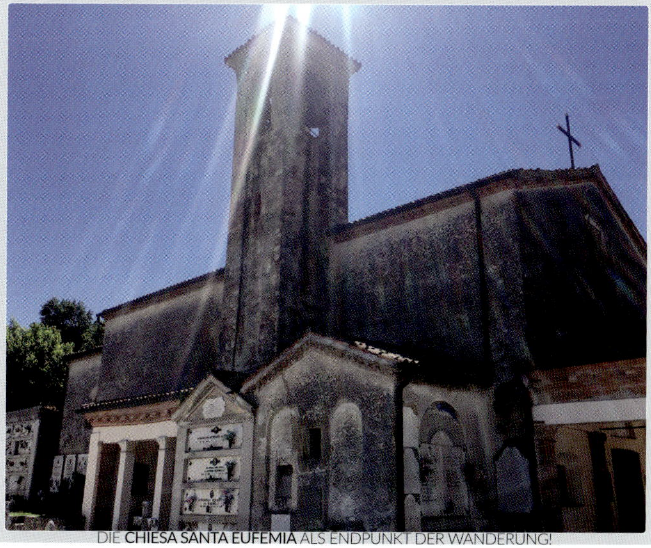

DIE **CHIESA SANTA EUFEMIA** ALS ENDPUNKT DER WANDERUNG!

Unterkunftstipp | Im **Weingut La Fioca**, ganz in der Nähe, lässt es sich vorzüglich übernachten, und wer will kann eine der besten (Schaum)weine der Franciacorta probieren und mitnehmen; www.lafioca.com; Via Villa n. 13/b, Nigoline di Corte Franca. Ebenfalls vom Feinsten präsentiert sich das **Agriturismo Cascina Solive dei Fratelli Bariselli** in der Via Calvarole, 15; www.solive.it; im Angebot sind Brände, Weine, Schaumweine und Olivenöl.

Tourvarianten | **1** Aufstieg von **Capriolo**. Gut parken kann man eigentlich nur am großen Kreisverkehr von Capriolo. Gehen Sie dann vor zum Kreisel und folgen der Beschilderung ins Zentrum; nach 50 m rechts dem Schild zum Castello folgen. Bleiben Sie auf der Via Balladore, nach 300 m sind Sie im alten Ortskern, auch hier gibt es noch einige Parkplätze (rund um die Metzgerei). Folgen Sie der Via Simeone Paratico und schließlich der Via Sant'Onofrio, bis Sie oben auf die Chiesa degli Alpini treffen. Jetzt geht es auf einer Schotterpiste zunächst schnurgerade auf den Monte Alto zu; nach nur 10 min. geht es auf einem großen Rechtsbogen, der durch einige Kehren unterbrochen ist, auf den Bergkamm des Monte Alto. Noch 300 m nach Norden und Sie erreichen den Gipfel. Der Rückweg führt in einem weiten Linksbogen südwestwärts den Bergrücken hinunter; bald geht es rechts einen breiten Forstweg bergab, dem Sie solange folgen, bis die Talstraße erreicht ist. Bitte rechts abbiegen und vor dem Weiher links (…). Über Feldwege geht es zurück zum Ausgangspunkt.

12 km, 4 h, 480 hm

INFOTAFEL IM ORT

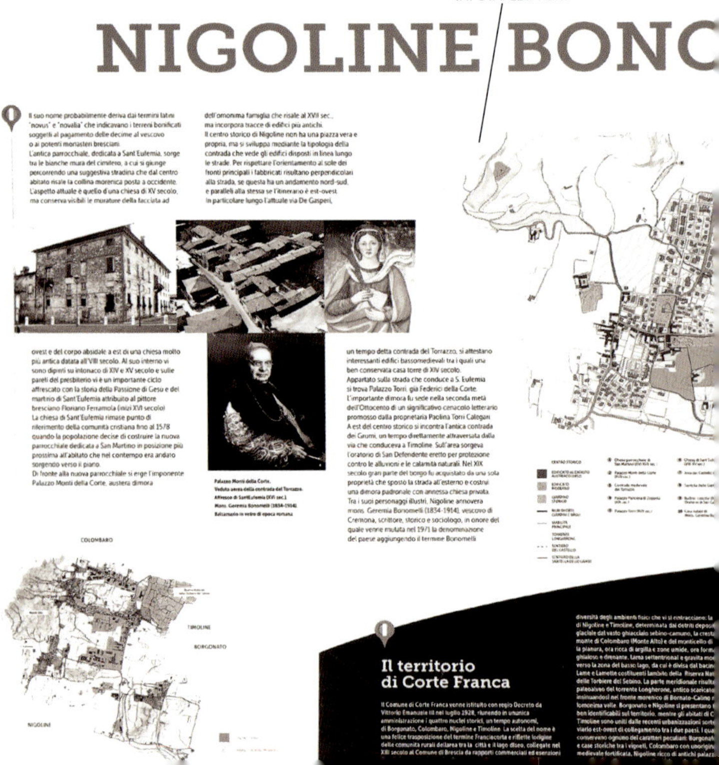

TOUR 02 Riserva Naturale Torbiere ***

Wunderschöne Spaziergänge in den Abendstunden sind hier garantiert. Wer früh am Tag startet, kann seltene Wasservögel beobachten; Spektiv oder Fernglas vorausgesetzt. Zahlreiche Streckenvarianten sind möglich.

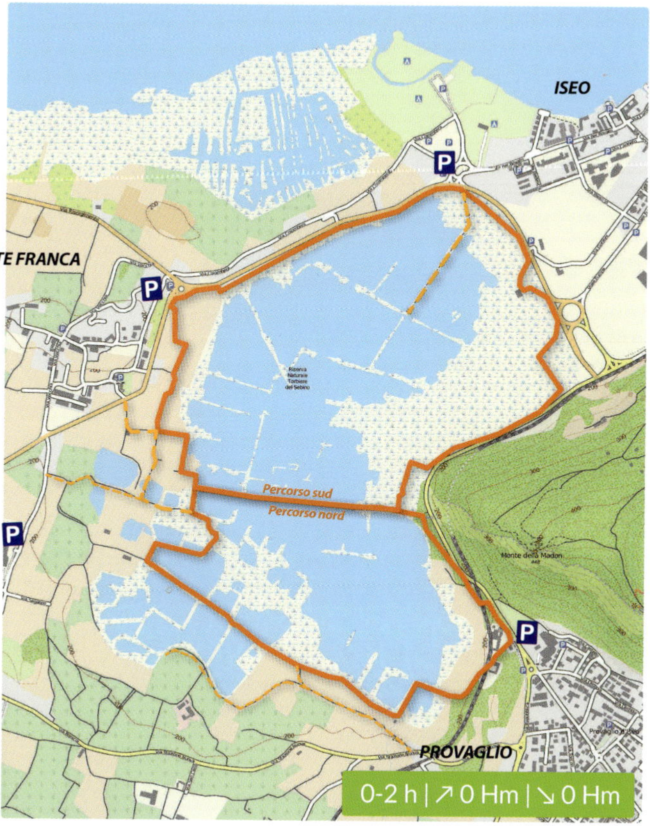

Ausgangsort: Iseo, Provaglio, Corte Franca
Zielort: Rundwege
Einkehrmöglichkeiten: zahlreiche Esslokale rund um das Naturschutzgebiet; **Strandbar Spiaggetta** in Iseo (unser Tipp!)
Reine Gehzeit: 0 - 2 h
Streckenlänge: 0 - 8,4 km

Anfahrt | Zahlreiche Parkplätze rund um das Naturschutzgebiert herum; geringe Parkgebühren können anfallen.

Charakteristik | Völlig ebenes Gelände mit schmalen Pfaden und auch breiteren Wegen auf natürlichem Grund. Im Frühjahr und Herbst auch matschig. Teilweise Holzstegwege.

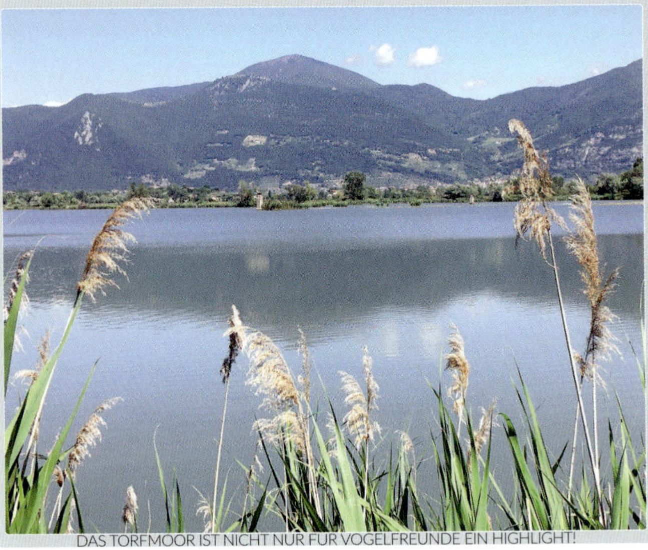

DAS TORFMOOR IST NICHT NUR FÜR VOGELFREUNDE EIN HIGHLIGHT!

Tourbeschreibung | Die Torfmoore (torbiere) des Sebino umfassen ca. 360 Hektar und erstrecken sich zwischen den Ortschaften Iseo, Provaglio d'Iseo und Corte Franca in direkter Seenähe. Das als Naturschutzgebiet ausgewiesene Areal präsentiert sich als Feuchtgebiet der Extraklasse. Die Torfmoore bieten zahlreiche Beobachtungsstellen für die Liebhaber des Birdwatching: ausgerüstet mit Fotokamera und Spektiv kann die vorhandene Vogelwelt beobachtet werden. Der Purpurreiher, die Rohrweihe, der schwarze Milan und die große Rohrdommel sind keine seltenen Gäste, wobei man sa-

ENTDECKEN SIE DAS NATURSCHUTZGEBIET AUF EIGENE FAUST!

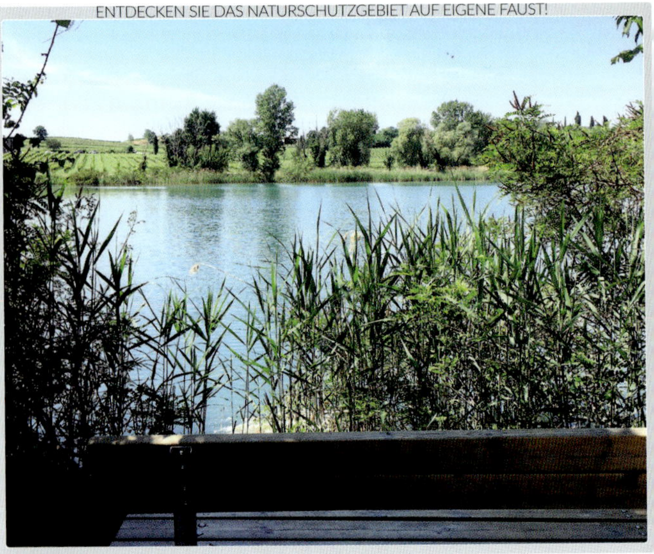

gen muss, dass seltenere Vögel nur im Frühjahr und Herbst zu sehen sind. Die Torfmoore des Sebino sind ganzjährig von Sonnenaufgang bis Sonnenuntergang geöffnet. Der Zugang erfolgt über 3 Haupteingänge, einer in Iseo, einer in Provaglio und einer in Corte Franca: Hier befindet sich jeweils ein Ticketautomat, an dem man eine Eintrittskarte für EUR 1 kaufen kann; sonst können EUR 20 Strafgeld erhoben werden. Grob ist das Moor in drei große Wasserflächen aufgeteilt, eines davon liegt direkt an der Uferstraße, eines dahinter. Das dritte Teilstück liegt direkt am Iseosee und darf nicht betreten werden. Durch Kombination aller möglichen Strecken kann eine Gesamtlänge von über 8 km erreicht werden.

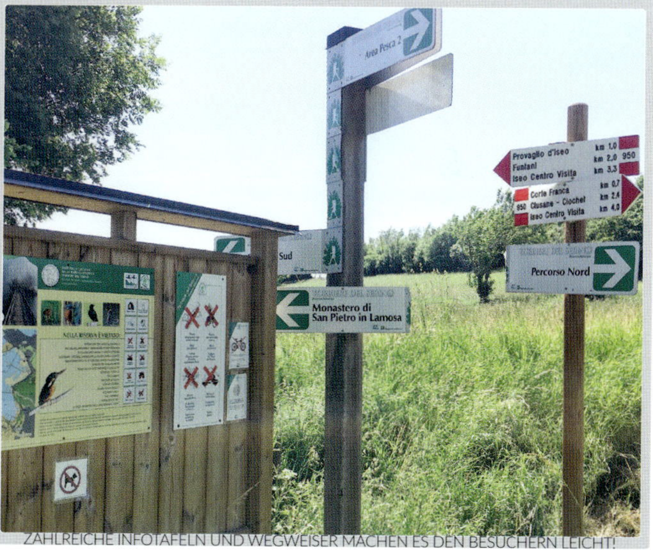

ZAHLREICHE INFOTAFELN UND WEGWEISER MACHEN ES DEN BESUCHERN LEICHT!

Die Teilstrecken sind mit percorso sud, percorso nord und percorso centrale bezeichnet. Für den Einstieg eignet sich der percorso sud über Provaglio d'Iseo: beim Kloster Monastero di San Pietro in Lamosa (am Ortseingang von Provaglio) beginnt der Weg sowohl links, als auch rechts vom Klostereingang. Wir sind dem Weg links gefolgt, im Uhrzeigersinn also. Auf breiten Wegen führt der Weg durch Weinreben bald in schattigere Uferbereiche, die ersten Blicke auf das Moor sind vielversprechend. Das ganze Gebiet ist vorbildlich ausgeschildert, an den Knotenpunkten befinden sich Karten und Informationstafeln, die Auskunft darüber geben, mit welchen Tieren wann zu rechnen ist.

Kombinieren Sie die Wege ganz nach Ihren Vorstellungen, überqueren Sie aber auf jeden Fall das Gebiet in der Mitte, mit etwas Glück sehen Sie auch seltenere Vogelarten! Selbst an Wochentagen und auch in der Nebensaison sind immer einige Besucher unterwegs. Am großen Kreisverkehr vor Iseo befindet sich das Besucher-Informationszentrum, das über alle relevanten Fragen informiert.

0 - 8,4 km, 2 - 4 h, 0 hm

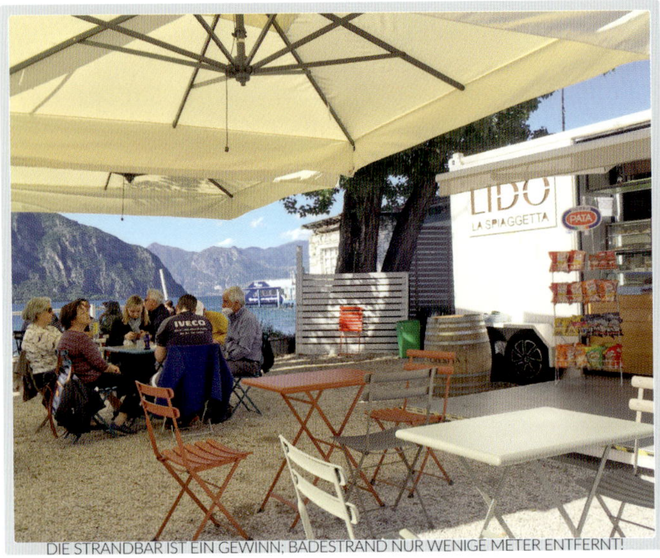

DIE STRANDBAR IST EIN GEWINN; BADESTRAND NUR WENIGE METER ENTFERNT!

Ausklang der Tour | Relativ neu präsentiert sich die **Strandbar Spiaggetta** an einem Uferabschnitt des südlichen Iseo, wo sich viele Einheimische, aber auch Touristen tummeln. Dieser Strandabschnitt, **Spiaggetta dei Mille** genannt, befindet sich zwischen dem Campingplatz Lido del Sole und den kleinen Hafenanlagen. Man erreicht ihn über die gleichnamige Viale dei Mille, vorne am See rechts.

Zum legeren Abendessen bietet sich ein Besuch im **Food & Drink Mó Mó Iseo** nur wenige hundert Meter weiter in Richtung Ortskern an der Piazza Salmister 12 direkt am See an; noch relativ günstig bekommt man hier Speisen ein bisschen abseits der Norm!

TOUR 03 Von Iseo zur Punta dell'Orto *

Anspruchsvolle Wanderung zur Spitze des Gemüsegartens (wörtl. Übersetzung), einem aussichtsreichen Gipfel oberhalb von Iseo. Abwechslungsreicher Weg, der hauptsächlich durch Wald führt und als Erweiterung ein Seitental des Iseosees eröffnet.

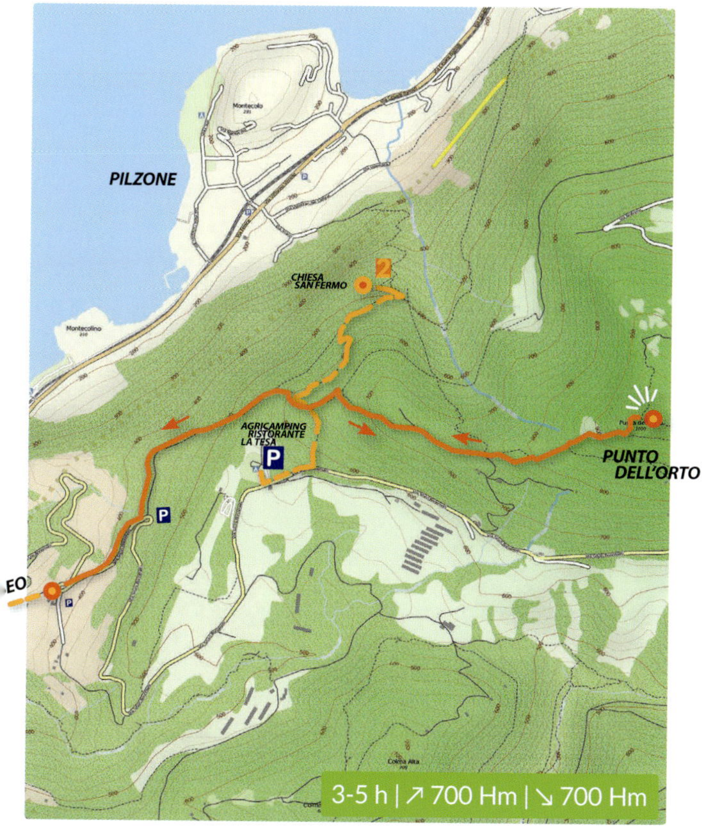

- **Ausgangsort**: Iseo, Bosine (Iseo)
- **Zielort**: Gipfel der Punta dell'Orto
- **Einkehrmöglichkeiten**: Ristorante La Tesa (kurzer Abstieg)
- **Reine Gehzeit**: 3 -5 h
- **Streckenlänge**: 8,6 km

Anfahrt | Die Tourbeschreibung beginnt an der Haltestelle **Iseo Bosine**, einer Serpentine der Via Silvio Bonomelli oberhalb von Iseo. Parkplätze gibt es hier nur sehr wenige, wir erreichten den Ausgangspunkt per Fahrrad. Man kann auch mit dem Bus hier hinauffahren (Linie 30 Iseo-Gardone Val Trompia). Ansonsten zu Fuß von Iseo aus.

Charakteristik | Anfangs an der Straße entlang, verläuft die Strecke bald auf Wirtschaftswegen mit natürlichem Grund. Später steigt der Weg an und fordert etwas Kondition. Der Weg wird dann steiniger und ist erst zum Schluss hin wieder angenehmer zu gehen; das letzte Stück ist recht steil.

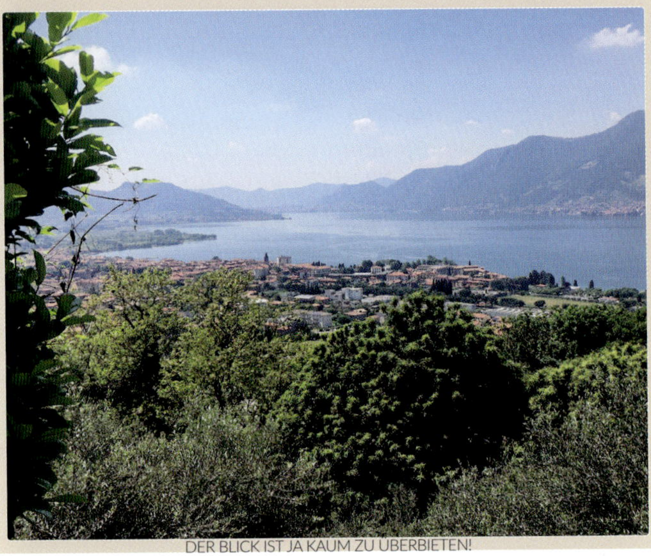

DER BLICK IST JA KAUM ZU ÜBERBIETEN!

Anstrengende und herausfordernde Bergwanderung zum sog. Gemüsegarten, wenn man nach der wörtlichen Übersetzung geht. Gemüse wird hier oben auf 1 000 Metern nicht angebaut, der Blick in die Weite ist allerdings fantastisch. Die eigentliche Tour beginnt unten in Iseo, führt zunächst durch die östlichen Ortsteile hinauf zur Umgehungsstraße, die man unterquert und in einem Laubwald fortsetzt, den man schnell wieder verlässt. Entlang eines landwirtschaftlichen und holprigen Weges erreicht man bald das kleine Örtchen **Bosine** mit namhafter Weinkellerei und einer kleinen Kapelle. Ab hier geht es gut 500 Meter an der Straße entlang, bis der Wanderweg links in den Bergwald abzweigt; Wanderzeichen weisen den Weg, die Punta dell'Orto (Schild ganz unten) ist gerade noch erkennbar. Übrigens: an dieser Haarnadelkurve befindet sich Platz für bis zu 4 PKW! Manche beginnen die Tour hier, man spart sich dann immerhin 200 Höhenmeter.

Zunächst geht es gemächlich auf breitem Forstweg voran, nach 300 Metern wird der Weg zum Pfad und die Steigung nimmt zu; die Markierung ist durchgängig rot-weiß-rot. Auf Erdboden, über Wurzeln hinweg und auf flachen Steinmassiven geht es eine gute halbe Stunde recht beschwerlich (und bei feuchter Witterung auch rutschig) bergauf, bis eine Lichtung erscheint, die mit ‚proprietà privata' nur so protzt.

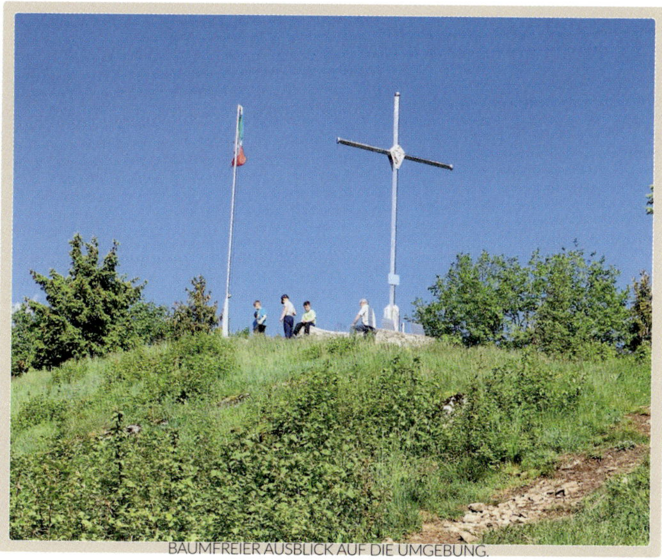

BAUMFREIER AUSBLICK AUF DIE UMGEBUNG.

Ignorieren Sie die Schilder und durchqueren den Bereich in nördlicher Richtung, allerdings nicht ohne das wunderbare See- und Bergpanorama zu genießen. Von rechts kommt kurz zuvor ein Forstweg von der Landstraße herauf, der weiter zur **Chiesa San Fermo** (■) führt, und eine interessante Variante dieses Gebiets darstellt. Weiterhin befindet sich dort unten an der Landstraße (Via Silvio Bonomelli) ein interessantes Angebot namens **Agricamping La Tesa** samt Camping/Zimmern und Ristorante (www.latesa.it; Bushaltestelle). Für die Freunde des Gemüsegartens geht es kurz nach der Lichtung erneut steil nach oben; wieder vergeht eine halbe Stunde, bis sich die Szenerie öffnet und durch mehrere Vogeljagdstationen einen bitteren Beigeschmack erhält. Das letzte Stück fordert noch einmal alles, aber nach weiteren 20 min. taucht endlich das Gipfelkreuz auf, und die Anstrengungen sind vergessen.

Zurück geht es auf demselben Weg, der ein oder andere Wanderstock gibt Sicherheit beim Abstieg; bei der Schuhwahl sollte man mindestens auf Turn- oder Trekkingschuhe mit gutem Profil zurückgreifen.

8,6 km, 3 - 5 h, 700 hm

Ausklang der Tour | Wenn die Sonne schon etwas tiefer steht, kann man im **Ristorante dei Platani** in Iseo noch die Spezialitäten der Region genießen. Die Preise sind für die Lage direkt am See in Ordnung, die Qualität ebenfalls.

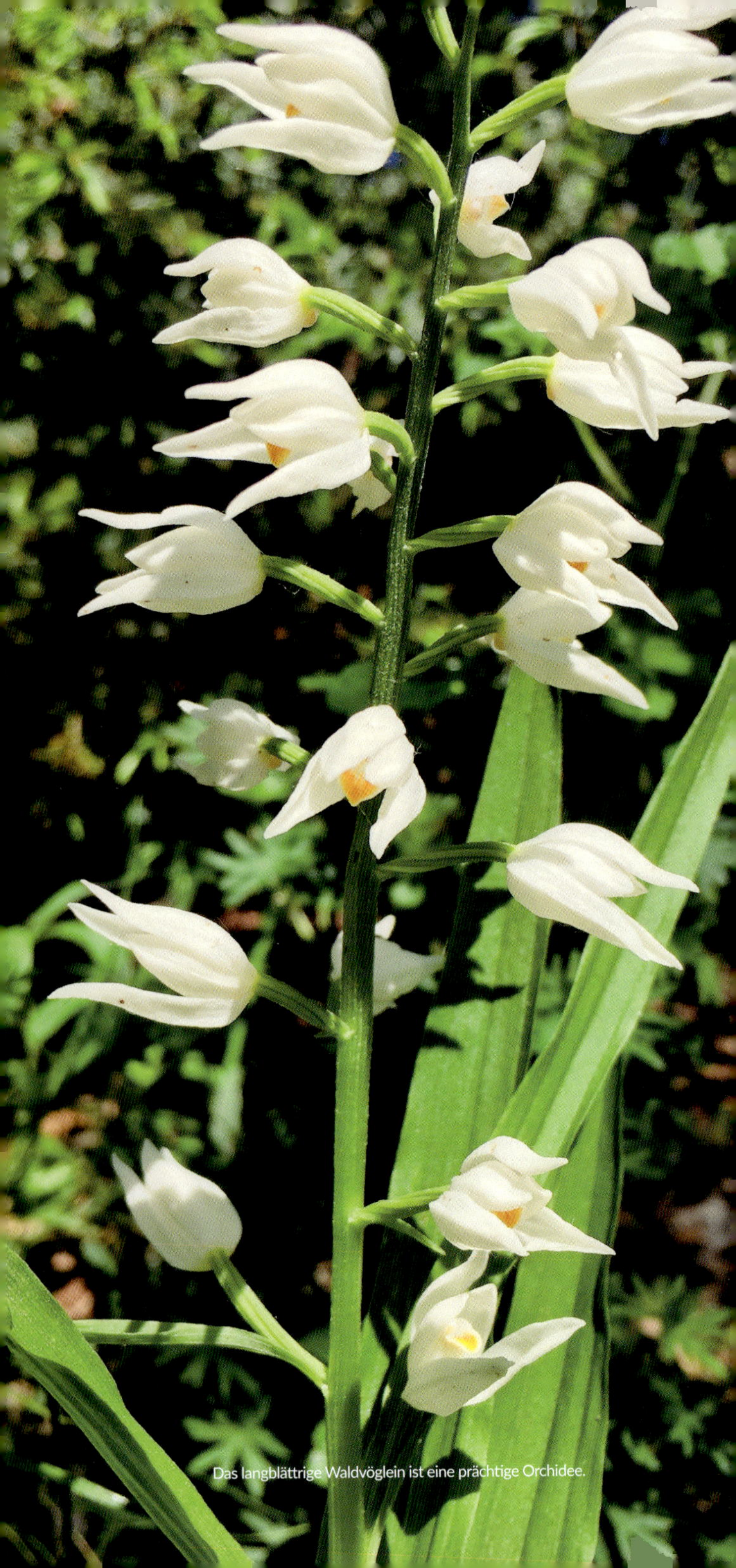

Das langblättrige Waldvöglein ist eine prächtige Orchidee.

TOUR 04 Santuario Madonna del Corno **

Schöne Kurzwanderung von Provaglio d'Iseo aus zu einem der schönsten Aussichtspunkte des südlichen Iseosees. Zahlreiche Varianten machen das Wandergebiet zu einem beliebten Erholungsziel.

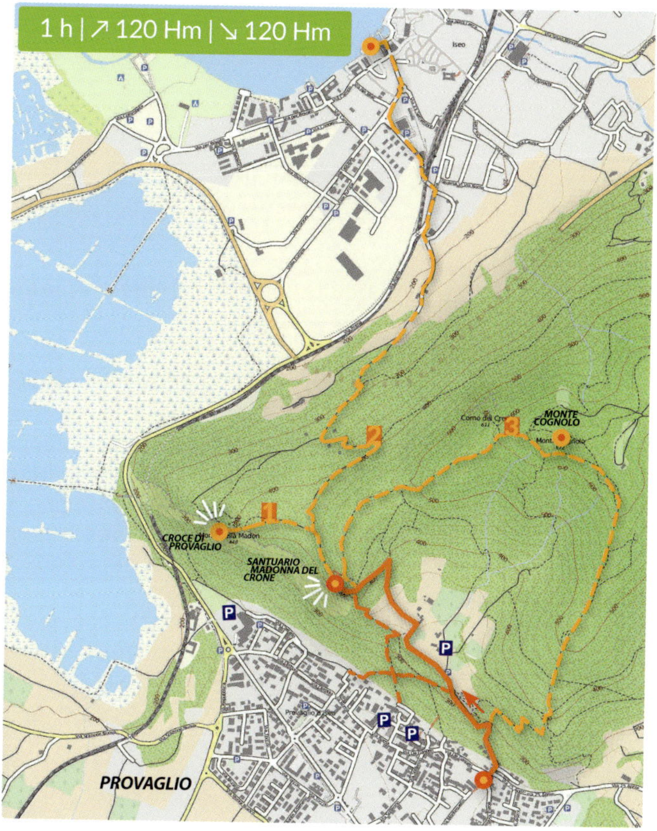

Ausgangsort: Provaglio d'Iseo
Zielort: Santuario Madonna del Corno
Einkehrmöglichkeiten: Osteria Pian delle Viti
Reine Gehzeit: 1 h (und mehr)
Streckenlänge: 3 km

Anfahrt | Parkplätze gibt es in Provaglio d'Iseo genug; wer Schritte sparen möchte, parkt wenige hundert Meter nach Beginn der Tour rechts bei der Osteria.

Tourbeschreibung | Vielseitiges Wandergebiet rund um eine Art Halbkrater oberhalb von Provaglio d'Iseo, das auch gerne von MTBikern ausgeradelt wird. Meist beginnt die Tour mit

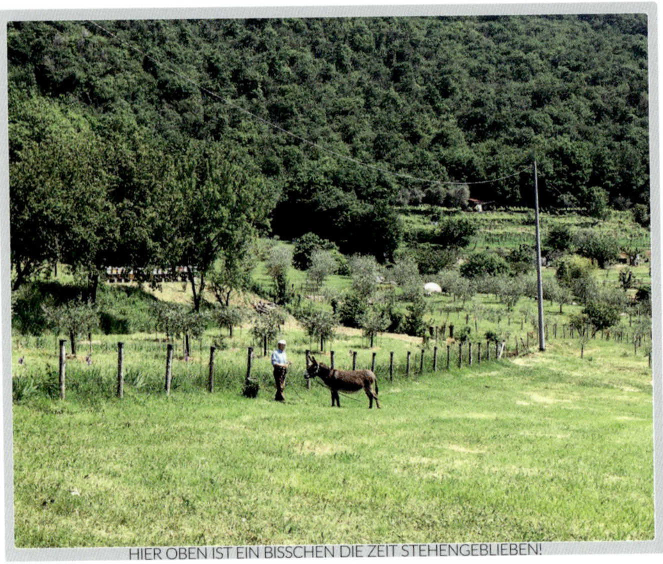

HIER OBEN IST EIN BISSCHEN DIE ZEIT STEHENGEBLIEBEN!

dem Aufstieg zur **Santuario della Madonna del Corona**, die einen weiten Blick über Provaglio d'Iseo und die Franciacorta ermöglicht. Auf mehreren Balkonen lässt sich die anfängliche Anstrengung des Aufstiegs dort ganz gut verarbeiten. Ausgangspunkt der Tour ist die Via San Rocca in der Nähe der Chiesa di San Bernardo nahe des alten Zentrums von Provaglio. Es geht auf Asphalt gleich steil bergauf, das Wegpflaster im späteren Verlauf ist in einem erbärmlichen Zustand. Bald erscheint rechts die Einfahrt zu einem Parkplatz, eine Wanderkarte hängt an einer Mauer; auch hier kann man sein Fahrzeug abstellen. Von hieraus startet die Wanderung auf den **Monte Cognolo**, dazu aber später mehr.

Der Streckenverlauf zur Kirche führt zunächst vorbei an der kleinen Chiesa di San Rocca (vom Weg aus nicht sichtbar!), die in unmittelbarer Nachbarschft zur gleichnamigen Burg steht, zur fruchtbaren **Hochebene Pian delle Viti** (Bild oben). Dort stehen einige Häuser und es wird Landwirtschaft betrieben; eine **Osteria** gleichen Namens sorgt für schmackhafte Kost. Zurück auf dem Weg nach oben erscheinen bald mehrere Reliefskulpturen, die biblische Szenen zeigen und der Kreuzweg beginnt. Alternativ geht es in wenigen Kehren weiter steil bergauf und nach ca. 45 min. ist die Kirche erreicht.

Es ist auch möglich, von Provaglio aus auf diversen Saumpfaden zur Santuario zu gelangen, die entsprechenden Wege sind in der Karte verzeichnet. Diese Pfade stoßen später auf den schon genannten Kreuzweg, der, mit Reliefen versehen, den direkteren Aufstieg thematisch begleitet.

Tourausklang | Die Einkehr in die Osteria ist durchaus zu empfehlen. Stimmungsvoll kann man hier vor allem traditionelle Gerichte der Region genießen. Probieren Sie die brescianische Variante der Ravioli, die **Casoncelli alla bresciana**, die mit einer feinen Kräuterfüllung in zerlassener Butter und Salbei serviert werden.

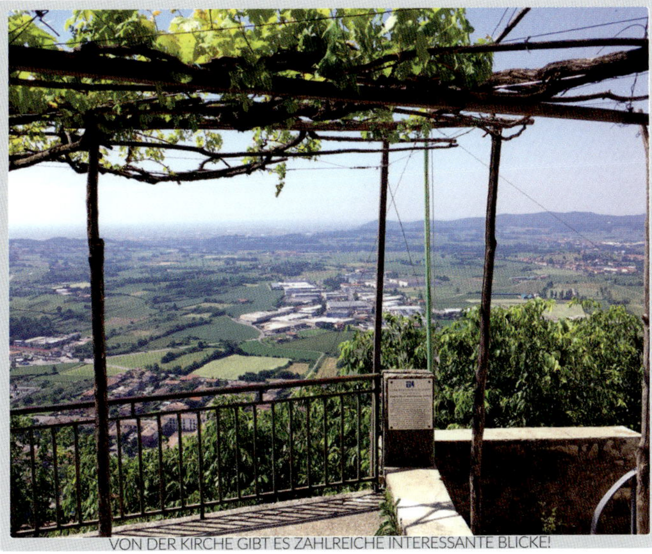

VON DER KIRCHE GIBT ES ZAHLREICHE INTERESSANTE BLICKE!

Tourvarianten | 1 Der Weg wird anschließend flacher und führt nach weiteren 20 min. über einen Wanderpfad zum Monte della Madonna mit großem weißen Kreuz (Croce di Provaglio) und großartigem Ausblick; dazu halten Sie sich beim Abzweig Iseo links und später vor der Vogeljagdstation rechts entsprechend der Beschilderung Croce. 2 Viele Wanderer bleiben an der Weggabelung rechts und steigen nach Iseo ab. In weniger als einer halben Stunde erreicht man den Ortsrand und nach teilweise weniger attraktiven Passagen den Hafen von Iseo. 3 Für sportliche Wanderer bietet sich der Aufstieg zum Monte Cologno an, der auf 672 m aber nur wenige Blicke in die Umgebung verspricht. Die Tour verläuft entlang des Grats in gut 45 min. auf den Gipfel; die Alternativstrecke vom oberen Parkplatz bietet ebenfalls überwiegend Schatten.

Wanderungen in der Region um

Pilzone, Sulzano, Sale Marasino und Marone

Vello-Toline
Corna Trentapassi
Piramidi di Zone
Monte Guglielr

Marone
Monte Marone
Strada dell'Olio

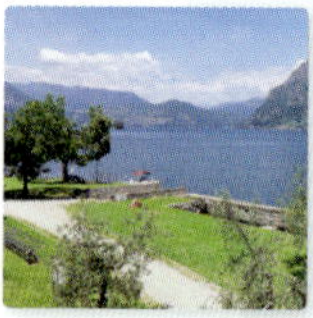

Punta Alman
Sale Marasino
Monte Isola
Peschiera Maraglio
Sulzano

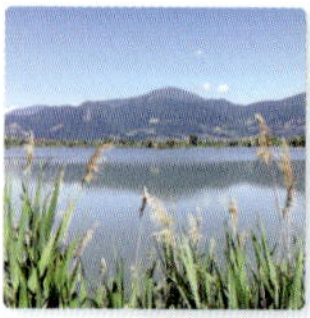

Antica Strada Valeriana
Pilzone

Für viele die interessanteste Gegend am See. Die **abwechslungsreiche Bergwelt** der Ostseite, die größte Binneninsel Süd- und Mitteleuropas und die **sehenswerten, kleinen Orte** entlang des Seeufers sind nur wenige Highlights dieses Ufergürtels. **Sale Marasino** besticht durch die beeindruckende **Chiesa di San Zenone**, einem mächtigen Kirchenbau ganz vorne am See; nicht zu vergessen die unvergleichliche Pasticceria Briola unten an der Uferstraße am nördlichen Ortsausgang, die sich bis vor Kurzem noch in der Altstadt des Ortes befand. Das Örtchen **Sulzano** zeigt sich malerisch vom Hotel Rivalago bis zur Bar Pistakkio, wo man schön am See sitzen kann. Sehr enge Gassen zeigen zunächst die Charakteristik des alten Orstkern, jener der Fischer hier unten am See; die **Pescheria Turla**, oben an der Hauptstraße, versorgt die Einwohner seit 70 Jahren mit frischem Fisch aus dem Lago. Zuvor kann man die wunderbaren Pasticcini in der Pasticceria e Confetteria L'Arte del Dolce bewundern. Sulzano wurde vor 5 Jahren weltberühmt, als Christo und Jean Claude ihre Floating Piers hier starten ließen; ein beeindruckendes Kunstwerk, das über 1 Million Menschen an den Iseosee und zur Monte Isola brachte. Die autofreie Insel eignet sich fürs Wandern und Baden. In **Marone** gibt es den Oliven-Rundweg, eine schöne Uferpromenade und die Bar Centrale, wo die Croissants frisch mit z.B. Pistaziencreme gefüllt werden.

TOUR 05 Wanderparadies Monte Isola ***

Die autofreie Insel ist ein Paradies für Wanderer. Es gibt flachere und etwas steilere Passagen, zudem gibt es Unterstützung durch den Inselbus. Höhepunkt der Insel ist der Aufstieg zur Santuario della Madonna della Ceriola, einer kleinen Kirche mit Rundumsicht.

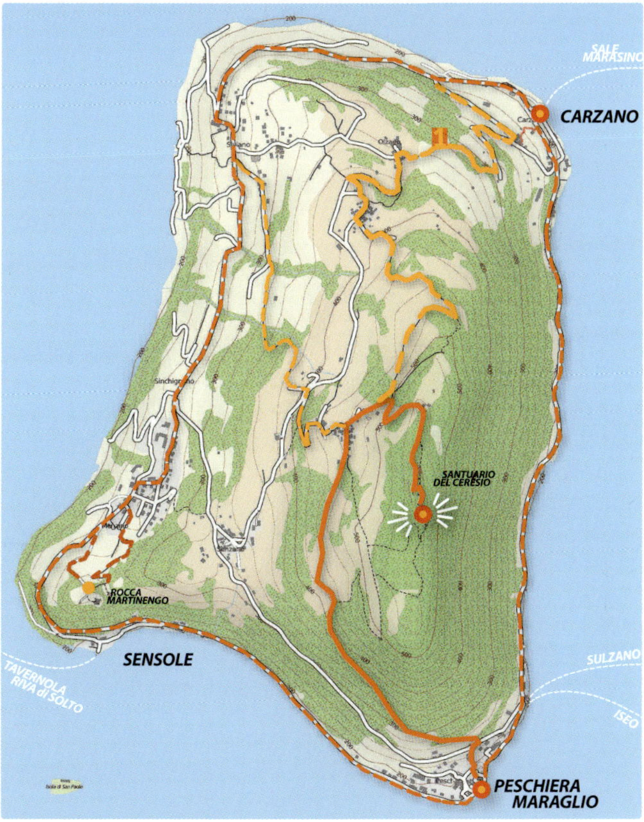

- **Ausgangsort**: Peschiera Maraglio
- **Zielort**: Santuario della Madonna della Ceriola
- **Einkehrmöglichkeiten**: Gasthaus bei der Kirche
- **Reine Gehzeit**: 1 h
- **Streckenlänge**: 2,5 km

Anfahrt | Per Schiff geht es von Sale Marasino, Sulzano, Iseo und sogar von Tavernola Bergamasca/Riva di Solto auf die Insel; alle 20 min. von Sale Marasino und Sulzano. Problem ist das Parken auf dem Festland! Tipp | in den oberen Ortsteilen der jeweiligen Orte: Sale Marasino schwierig; Sulzano mitspeziellem Parkplatz (Parcheggio per Monteisola als Suchbegriff)!

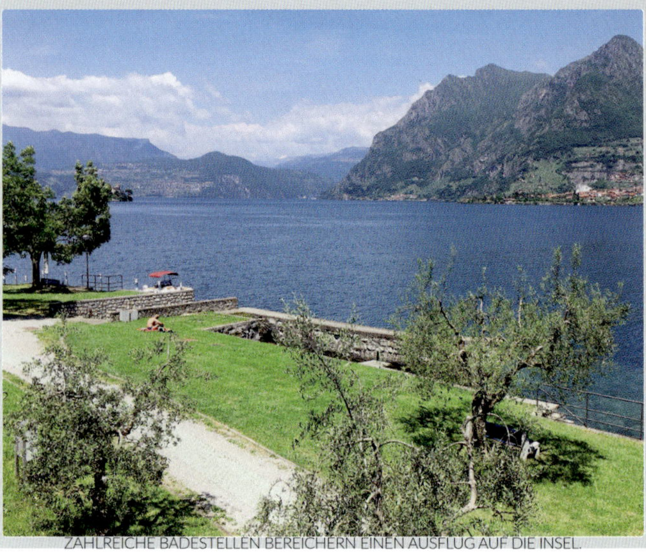
ZAHLREICHE BADESTELLEN BEREICHERN EINEN AUSFLUG AUF DIE INSEL.

Tourbeschreibung | Die Monte Isola wird von der öffentlichen Schifffahrt regelmäßig von z.B. Iseo, Sale Marasino, Sulzano und Riva di Solto ganzjährig angefahren. Von Sale Marasino und Sulzano sogar im 20 Minuten-Takt; die kürzeste Überfahrt kostet hin und zurück EUR 6, ein Fahrrad zusätzlich EUR 4. Auf der Insel wohnen ca. 1 800 Menschen, verteilt auf die Ufergemeinden und in den Bergen. Die Isola ist nahezu autofrei, es gibt (gefühlt von Jahr zu Jahr zunehmend) nur wenige KFZ, allerdings umso mehr Motorroller. Für Wanderer ist die Insel ideal, alle möglichen Strecken ergeben zusammen weit über 30 km Wanderwege, sodass genug ‚Arbeit' für ein oder mehrere Tage vorhanden ist. Seit Christo und Jean Claudes ‚The floating piers' hat sich die Zahl an Gastronomiebetrieben stark erhöht, auch der Badebereich südwestlich von Peschiera Maraglio ist noch nicht alt. Bedauernswerterweise ist das Preisniveau deutlich gestiegen.

Zum Kennenlernen der Insel bietet sich die komplette Umrundung auf der äußeren Inselstraße an; so legt man schon einmal ca. 8 km zurück. Die Ausblicke von fast jeder Stelle der Inselstraße sind mehr als interessant und aufschlussreich, da bei klarem Wetter fast der gesamte See, die Orte und Berge zu sehen sind. Wählen Sie aber unbedingt Schuhe mit guter Dämpfung, da die Wege meist asphaltiert oder mit Kopfsteinpflaster belegt sind; nur wenige Strecken, wie zum Beispiel der Aufstieg von Peschiera Maraglio zur Santuario della Ceresio, sind naturbelassen. Dieser sehr direkte und steile Aufstieg bringt Sie am schnellsten zum berühmten Gotteshaus am höchsten Punkt der Insel auf 600 Metern Meereshöhe;

für sportliche Wanderer auf jeden Fall ein Muss. Nicht minder interessant ist auch der Aufstieg 1 von Carzano aus; dazu direkt bei der Anlegestelle bergauf oder den Wanderweg etwa 500 m außerhalb der Ortschaft gegen den Uhrzeigersinn links nehmen. Beide Wege streifen die Orte Olzano und Masse; auch Schatten wird den Wanderern teilweise zuteil. Überragend aber die Ausblicke auf die Umgebung!!!

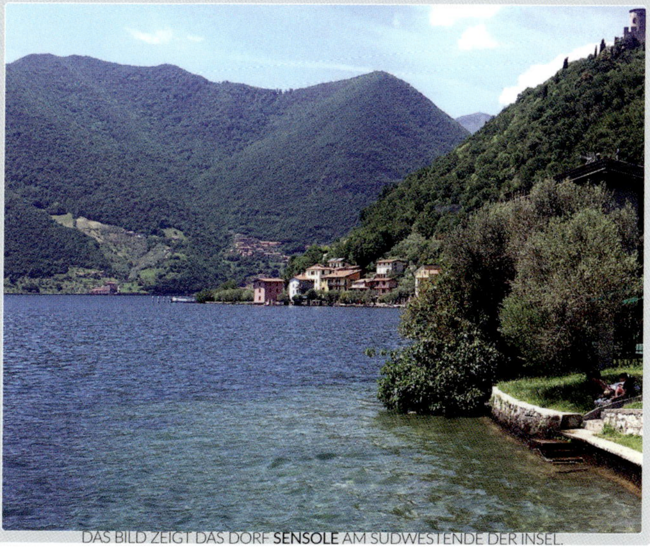

DAS BILD ZEIGT DAS DORF **SENSOLE** AM SÜDWESTENDE DER INSEL.

Ausklang der Tour | Die **Trattoria al Campel** hat viel Sonne, schmackhafte (Fisch-)Gerichte, und man fühlt sich willkommen; der Aufstieg zum Lokal oberhalb von Peschiera Maraglio ist nicht lang und lohnt sich! Klare Empfehlung auch für die **Trattoria del Sole** am südlichen Ende der Insel: schöne Terrasse, netter Service und eine Liegewiese am See. Gutes Eis und üppige Portionen im **Barracuda Café** an der südlichen Promenade, bei der Liegewiese.

Unterkunftsempfehlung | Sehr beliebt ist das **Albergo Bellavista in Siviano**; die aussichtsstarke Dachterrasse, das Frühstück und der liebevolle Service sind überzeugend. QR-Code für mehr Infos!

TOURIDEE Von **Pilzone** über die **Punta dell'Orto** zur **Santa Maria del Giogo (3 - 4 h)**

WANDER-TIPP

Die Tour zur Santuario del Santa Maria del Giogo ist eine ausgewachsene Wanderung und beginnt in **Pilzone** am Ausgangspunkt der Strada Valeriana; diesmal gehen Sie aber nicht links, sondern gehen die Via Silano zunächst geradeaus. Am Ende der Straße zweigen Sie wiederum links in die Via S. Tommaso ab, die Sie nach wenigen Metern an der Gabelung rechts wieder verlassen. Der Weg steigt erst wenig, dann stärker, teils auf Kopfsteinpflaster, an.

Nach Erreichen der **Kapelle San Fermo**, genießt man den Ausblick besonders von der großen Bank aus, die ganz in der Nähe errichtet wurde (siehe auch TOUR XY). Zu erwähnen ist, dass der Kirchturm vom eigentlichen Gotteshaus getrennt steht; am 9. August wurde hier oben immer das für das Vieh so wichtige Salz gesegnet. Anschließend geht es nun hinter der Kirche weiter stark ansteigend zur **Punta dell'Orto**, einem auf 1 000 m liegenden Aussichtspunkt, hinauf. Die Beschilderung weist neben der Bezeichnung Punta dell'Orto auch die 242/241 auf, der Weg verläuft weitgehend in dichtem Bergwald. Am Aussichtspunkt angekommen, geht es weiter in Richtung Osten; zunächst noch einige Meter bergauf/bergab, erreicht man bald (zum Ende hin auch auf einer schmalen Straße) eine kleine Ansiedlung mit der Trattoria Colmi, wo man von der Terrasse aus einen super Blick auf den See hat. Das Gasthaus bietet kalte Platte und zahlreiche regionale Pasta-Gerichte! Der weitere Verlauf der Strecke orientiert sich nun am Kamm und passiert kleinere Weiler wie z.B. Cuna und den Monte Colmi (981 m) und den Monte Castellino, der auf 1 012 m und Weitblicke in alle Richtungen bietet. Alternativ bietet sich ein etwas einfacherer Weg unterhalb an: dazu bleibt man bei der Trattoria Colmi zunächst auf der Straße und folgt dieser bis zu einem größeren Parkplatz, von dem es dann direkt zur Kirche geht.

Oben angekommen, beeindruckt der große Kirchplatz mit übergroßer Marienstatue. Nördlich des Kirchplatzes kann man in wenigen Minuten zur **Trattoria Santa Maria** absteigen, wo man gut essen kann. Hier beginnt auch der alternative Abstieg über das Rifugio Alpino Gruppo di Polaveno. Von Santa Maria geht es dann bergab nach Nistisino, und später auf dem 290 über Casogno nach Parlo. Wenig später treffen Sie wieder auf die alte Strecke zur Kapelle San Fermo und den Abstieg nach Pilzone. Ansonsten geht es auf demselben Weg zurück. 7 km, 3 h, 700 hm

TOUR 06 Die Antica Strada Valeriana ***

Spektakuläre, abwechslungsreiche und familientaugliche Höhenwanderung entlang der Ostseite des Lago d'Iseo. Es gibt nichts Vergleichbares in der Region und ist ein absolutes Muss für jeden Urlauber. An einem Tag oder in mehreren Etappen zu bewältigen.

Die **Daten** der **Antica Strada Valeriana**

- **Ausgangsort**: Pilzone
- **Zielort**: Pisogne
- **Einkehrmöglichkeiten**: unzählige
- **Reine Gehzeit**: 8 - 16 h
- **Streckenlänge**: 24 km

ANTICA STRADA VALERIANA

Teilstück von **Pilzone nach Tassano** (oberhalb von Sulzano)

Anfahrt | Parkplätze gibt es entlang der Hauptstraße sowohl im südlichen (nach der Post), wie auch im nördlichen Ortsbereich von Pilzone, sowie beim Friedhof.

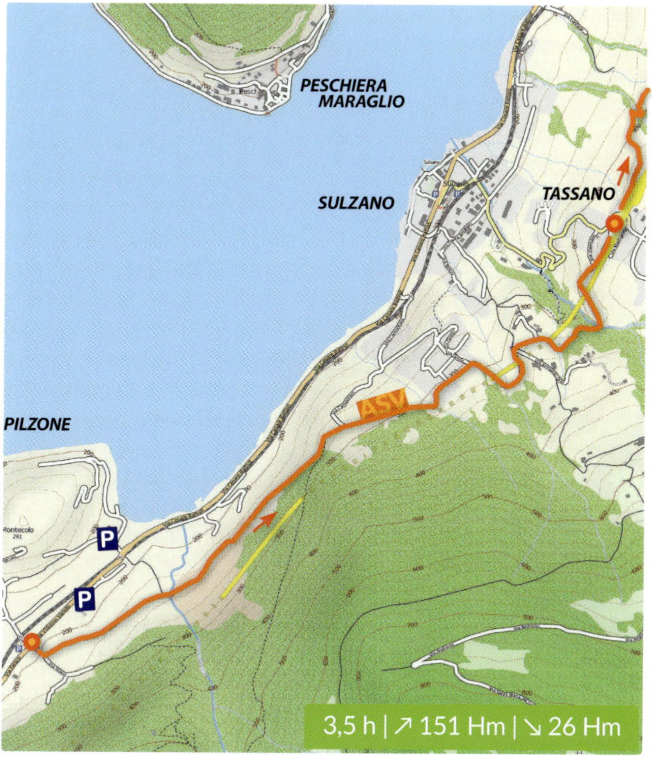

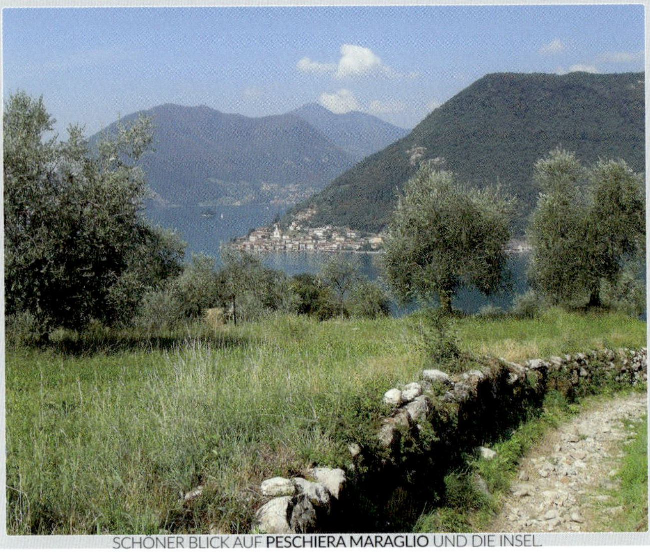

SCHÖNER BLICK AUF **PESCHIERA MARAGLIO** UND DIE INSEL.

Start der Wanderung ist die **Gedenkstelle der Toten der Meere** (Largo del caduti del mare) im Ortsinneren; achten Sie auf die Infotafel der ASV, sie zeigt den gesamten Wegverlauf. Nach 50 m ortseinwärts gelangen Sie zur **Piazza Basilio Cittadini**, folgen Sie hier der Via Volontari Sangue links, die Straße steigt sanft an. Nach kurzer Zeit erscheint eine Infotafel mit Details zu dem vor uns liegenden Wegstück; beachten Sie die zwei lustigen Figuren auf dem Sims an der Eckmauer!?!. Nach ca. 600 m bleiben Sie an der Weggabelung links, auch hier sind Wegweiser angebracht. Der Weg verläuft jetzt schattig bis halbschattig und trifft nach ca. 1 km wieder auf asphaltierte Straße, es handelt sich dabei um Ortsteile von Sulzano. Zwischenstopp: das **Ristorante La Pernice** (das Rebhuhn) liegt gleich um die Ecke und bietet gutes Essen, und wer will: hier kann man auch übernachten.). Folgen Sie dieser Straße. Für kurze Zeit geht es unter der Umgehungsstraße hindurch, obendrüber und wieder unten durch ... wählen Sie dann den unteren Fußweg, nicht rechts die Unterführung). Bald schon erreichen Sie Tassano, an der Hauptstraße rechts bis hoch zur Unterführung; davor links halten und nach 50 m wieder links auf den Wanderweg. Das erste der 6 Teilstücke ist nach gut 1 h geschafft und endet an der Chiesa dei Santi Faustino e Giovita in Tassano.

Ausklang der Tour | In der **Lounge Bar Pistakkio** ein Glas Lugana für rund EUR 5, auch ein großes Bier bekommt man dafür. Zu geeigneter Zeit werden After-Work-Partys veranstaltet, das Finger-Food-Buffet ist dann beim Drink inklusive. Wer es lieber süß mag, folgt dem Uferweg an der Anlegestelle nach Süden: die **Pasticceria e Confetteria L'Arte del Dolce** verführt mit besonderen Köstlichkeiten.

3,5 km, 1,5 h, 151 hm

Teilstück von **Tassano nach Dosso** (ob. von Sale Marasino)

Oben an der Umgehungsstraße zweigt der Fußweg nach links ab. Er führt auf alten Verbindungspfaden kreuz und quer durch die alten Gärten und Anbaugebiete. Bald schon geht es rechts wieder bergauf ins Dorf Maspiano. Am Kirchlein Chiesa di San Giacomo gibt es einen Trinkwasserbrunnen, auch Kopf und Arme können erfrischt werden. Wer sich für die Dorfgeschichte interessiert, kann Wichtiges auf einer Infotafel in Italienisch und Englisch nachlesen. Nach ca. 60 m den rechten der beiden Steinwege wählen, es geht kurz bergauf und auf schmalen Pfaden nahe der Umgehungsstraße weiter durch die Landschaft. Die Strecke ist mustergültig ausgeschildert und führt bei der großen Autobrücke und einem

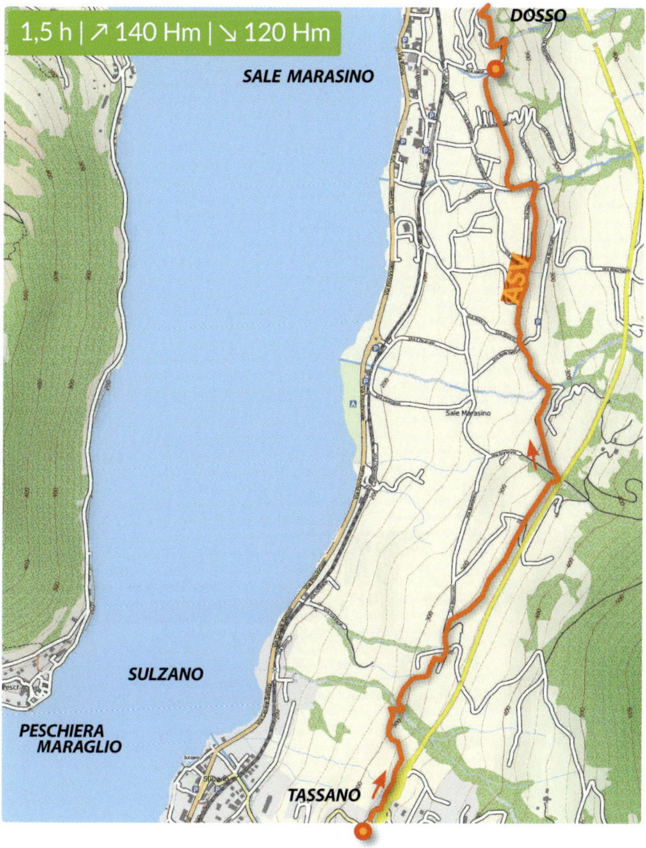

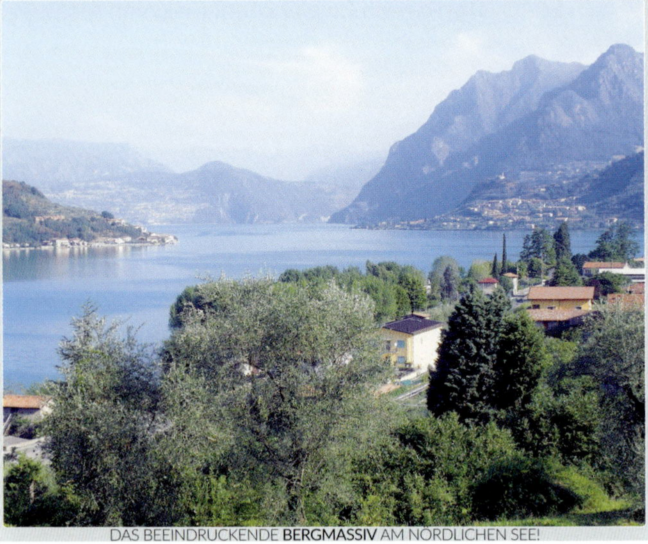

DAS BEEINDRUCKENDE **BERGMASSIV** AM NÖRDLICHEN SEE!

Bächlein links abwärts direkt nach Marasino. Gehen Sie zum alten Dorfplatz, queren diesen, und weiter geht es nach Norden der Beschilderung folgend. Zwischenstopp: Im **Albergo Ristorante Orazio** stehen Speis und Trank zur Verfügung, das Angebot ist gut. Folgen Sie weiter der Beschilderung: entlang der Via Giuseppe Verdi geht es durch ein Wohngebiet weiter. Bald verlassen Sie die Straße parallel über einen Fußweg und stoßen dann auf eine scharfe Linkskurve mit Infotafel (ASV). Steigen Sie die Via Distone ca. 50 m ab und schlagen rechts in die Via Camposecco ein. Schön verläuft der Weg auf einem Wiesenpfad, queren Sie die nächste Straße noch und erreichen dann das Dorf Dosso, den Endpunkt des 2. Teilstücks.

Ausklang der Tour | Etwas weiter nördlich an der Uferstraße liegt die **Pasticceria Briola**, ein **Wunder der Konditorei**. Ganz normal geht es im Caffè Sport direkt unterhalb der mächtigen Chiesa di San Zenone zu. Restauranttipp und Unterkunft: im Hotel Rotelli (Achtung: ein ganzes Stück vor dem Endpunkt der Etappe) können Sie getrost die Nacht verbringen, das **Ristorante Stella** in der Via Carebbio erwartet Sie mit hervorragendem Prosciutto crudo.

4 km, 1,5 h, 120 hm

Teilstück von **Dosso nach Colpiano** (oberhalb von Marone)

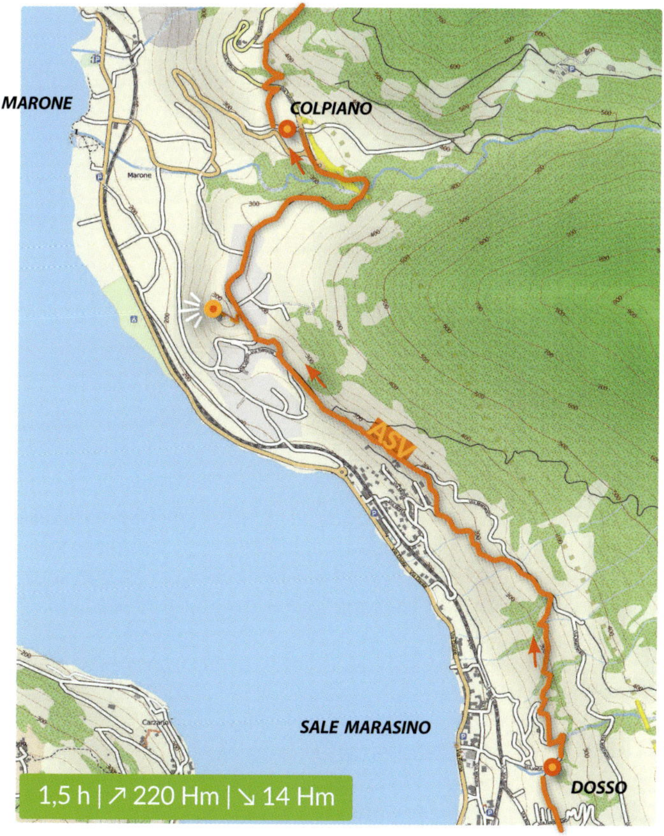

An der Via Dosso geht es steil zunächst ein paar Meter bergauf. Der Anstieg weilt nicht lange, und nach der scharfen Linkskurve biegen Sie von der Dorfstraße rechts ab; gut ausgeschildert! Für längere Zeit verlässt man nun die Zivilisation und wandert auf grünen, teils gepflasterten Wegen mit schönen Aussichten etwas bergauf. Mehrere Weiler flankieren die Strecke und nach ca. 30 min. erreichen Sie auf gleichbleibender Höhe das **Dorf Vesto**, wo Sie der Via S. Pietro bergan folgen. Bald erscheint links die Infotafel zum Ort Pregasso, ein Aufstieg zum Kirchlein Eremo di San Pietro lohnt sich unbedingt. In Pregasso selbst gibt es einen kleinen Alimentari-Markt und ein Restaurant. Ziel der Etappe ist allerdings **Colpiano**. Der Weg dorthin ist anstrengend und verläuft auf einer schmalen Straße (Via Val Pintana); hin und wieder begegnet man Autos und anderen Fahrzeugen. Immerhin gibt es teilweise einen grünen Fußgängerstreifen. Die heutige Wegstrecke endet an der Chiesa di San Bernardo in Colpiano.

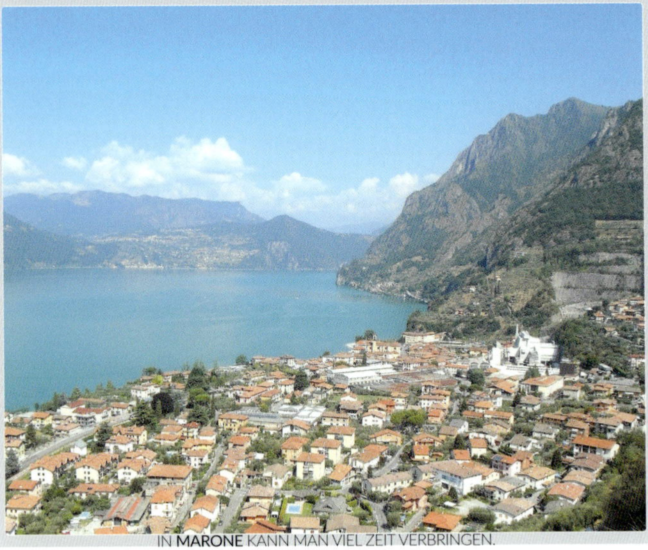

IN **MARONE** KANN MAN VIEL ZEIT VERBRINGEN.

Restauranttipp und Unterkunft | Im Agriturismo Cascina Lert ganz in der Nähe gibt es Zimmer und Essen in Bauernhof-Atmosphäre; gut 200 m weiter ebenfalls der Straße nach Zone folgend liegt die Trattoria Belvedere in Aussichtslage.

4 km, 1,5 h, 220 hm

Teilstück von **Colpiano nach Zone**

Über die Via Castello gelangt man in den oberen Ortsteil von Colpiano, schließlich zur Straße nach Zone. Gegenüber, bei den rot-weiß-roten Absperrgittern, beginnt der Wanderpfad, der bergauf teils im Grünen, teils an der Straße verläuft. Einige Male muss in Folge die Straße überquert werden; dabei betritt man diese, läuft einige Meter darauf weiter und verlässt sie dann wieder. In **Cislano** haben Sie dann die Möglichkeit einzukaufen, etwas zu essen oder die **Piramidi di Zone** (Rundweg) anzuschauen; sehenswert ist auch die **Chiesa di San Giorgio a Cislano**. Entschließen Sie sich weiterzugehen, geht es zunächst noch ein Stück an der Straße entlang, bis sich der Weg nach links ins Grüne absetzt; über diesen Schlenker erreichen Sie Zone. Wer abkürzen will, geht weiter entlang der Straße bis zum Ortseingang Zone. Endpunkt dieser Etappe ist die Chiesa di S. Giovanni Battista mitten im Ort.

Tourausklang | Zu empfehlen ist das **Ristorante Val Tress** im Ortsteil Chigazzolo und die Pizzeria Almici in Zone; das Angebot ist groß, es gibt einen kleinen Lebensmittelladen

(Forneria Almici Adele) und die Bar Centrale im Dorfkern, das auch als B&B fungiert.

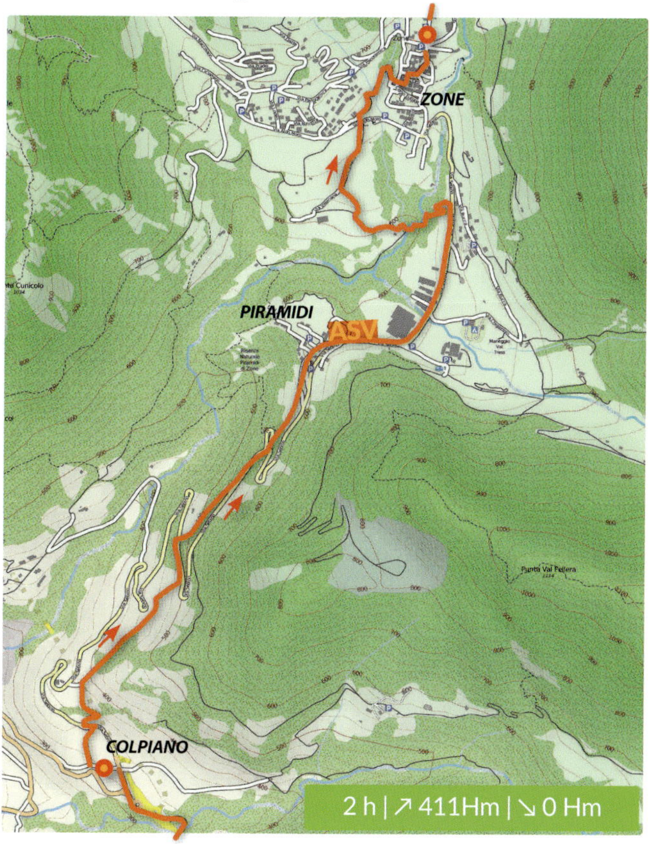

5 km, 2 h, 411 hm

Teilstück von Zone nach San Bartolomeo

Für viele beginnt hier die eigentliche Wanderung. Endlich lässt man die Zivilisation hinter sich und betritt die Bergwelt oberhalb des Iseosees. Zunächst geht es in Richtung Sportgelände, wo eine kerzengerade Straße stadtauswärts nach Norden führt. Nach ca. 300 m verlässt man die Straße und über einen steinigen Weg geht es weiter bergauf zum Passo Croce di Zone auf 903 m. Der Weg schlängelt sich durch die Landschaftsformationen, linkerhand taucht die Kapelle Madonna del Disgiolo samt Trinkwasserbrunnen auf. Kurze Zeit später erreichen Sie die Passhöhe. Von hier geht es kurze Zeit ohne nennenswerte Höhenunterschiede zu einer kleinen Anhöhe, bevor man links auf die Kapelle di San Bartolomeo trifft.

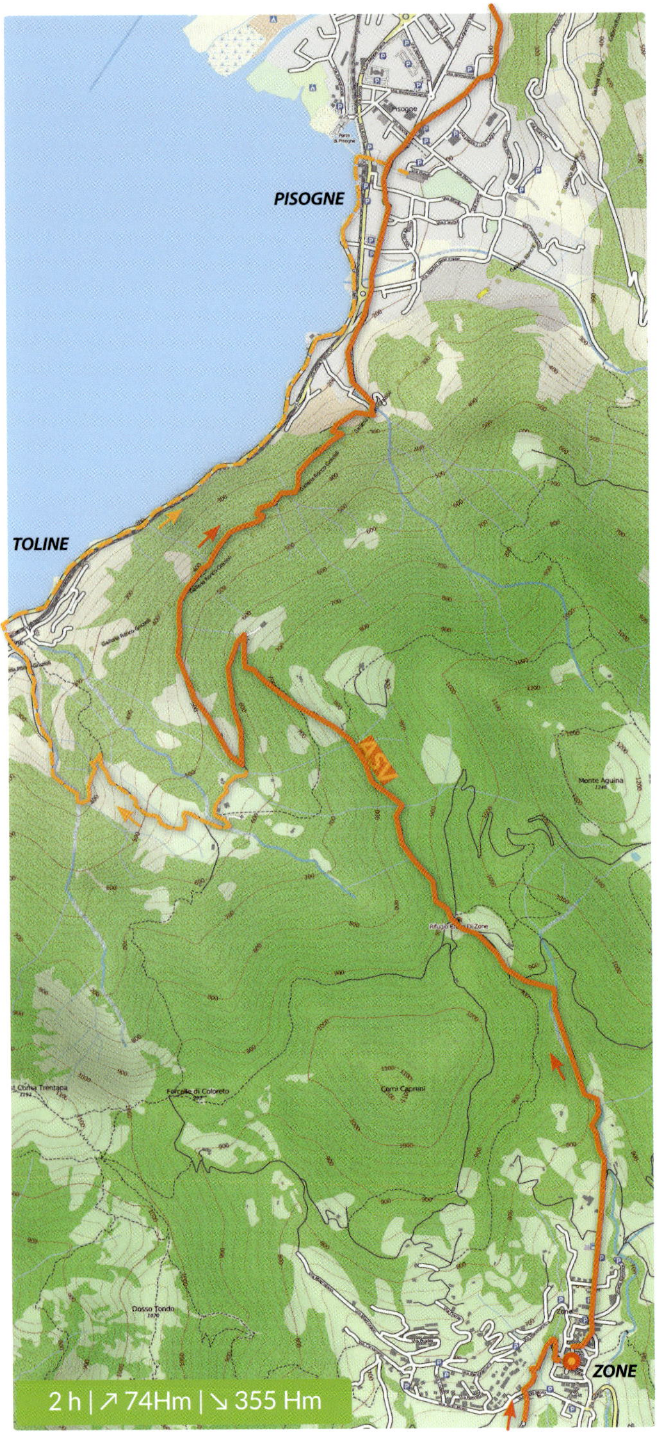
PISOGNE
TOLINE
ASV
Monte Aguina
Corni Capreni
Forcella di Coloreto
Dosso Tondo
ZONE
2 h | ↗ 74Hm | ↘ 355 Hm

Restauranttipp und Unterkunft | Das Agriturismo Romangelo bietet typische Bergwanderer-Einkehr vom Feinsten (www.romangelo.it). Wer hier eine Nacht einlegen möchte, muss die Wegführung etwas ändern. Alernativ steigt man von der Kapelle über den direkten Weg in Richtung Toline ab und erreicht bald das Agriturismo El Dos del Bec.

4,5 km, 2 h, 355 hm

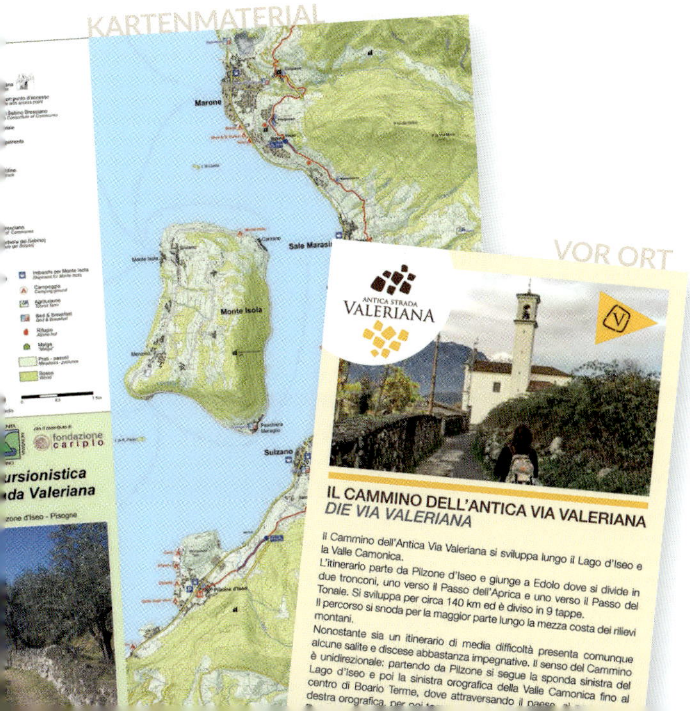

Marone ist ein attraktiver Urlaubsort

Von Süden kommend überrascht Marone mit einer attraktiven Lage unterhalb eines Bergmassivs, das den Süden des Sees in markanter Weise vom Norden trennt. Ab hier führen zahlreiche in den Stein gemeißelte Tunnelstraßen nach Pisogne im Norden des Iseosees. Der Ort liegt schön in einem sich zum See öffnenden Talkessel, hinter dem das Gebirge rasch zu Höhen von bis zu 2 000 m aufsteigt. Der Ortskern wirkt aufgeräumt und angenehm zurückhaltend, auf den ersten Blick ein schöner Urlaubsort. Auch der zweite Blick offenbart eine verwinkelte Gebäudestruktur am Ufer, enge Gassen wechseln sich mit schönen Promenadenabschnitten ab und die Pfarrkirche am See überwacht gleichsam die Szenerie.

Der **Monte Marone** als Ausgangspunkt für mehrere interessante Wanderungen

Von Marone, direkt vom Seeufer aus kann man mehrere Bergziele mit unterschiedlichem Anspruch erreichen. Die Runde um das Naturschauspiel ‚**Piramidi di Zone**' in den Bergen oberhalb des Sees ist zum Beispiel relativ kurz, aber sehr beeindruckend. Ein schöner Aussichtspunkt und viel mehr, wenn man alpine Erfahrung und die passende Ausrüstung hat, sind ebenfalls über den Hausberg von Marone zu erreichen. Dabei handelt es sich weniger um einen klassischen Berg mit Gipfel, es ist wohl eher ein Ortsteil von Marone, der aber in luftiger Höhe liegt.

TOUR 07 Touren rund um Marone **

Drei kurze, attraktive Wanderangebote rund um den Monte Marone bieten weite Blicke auf den See und den Ort Marone. Die Touren geben einen interessanten Einblick in die Aktivitäten des Bergbaus in Marone.

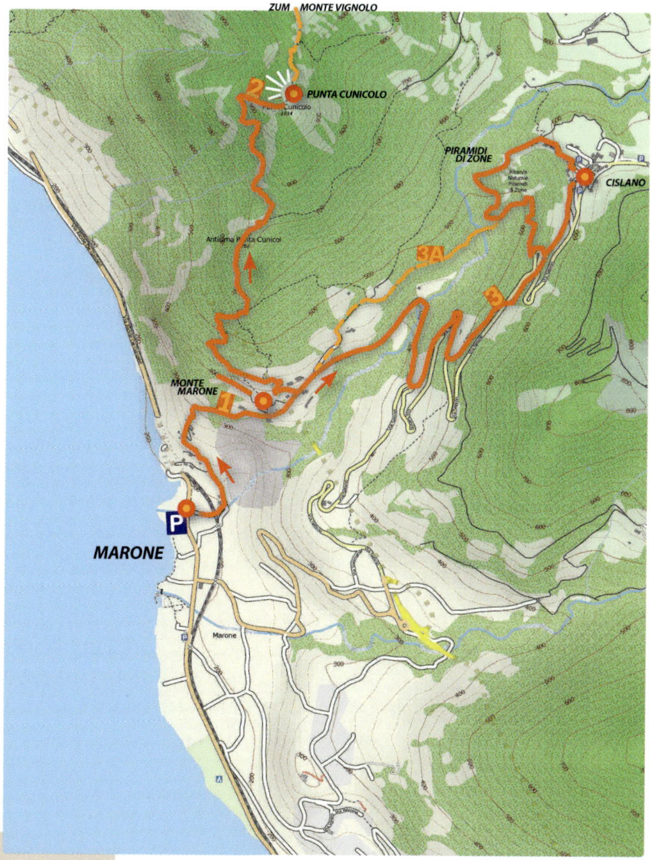

TOUR 7a Aufstieg zum Monte Marone

- **Ausgangsort**: Marone
- **Zielort**: Monte Marone
- **Einkehrmöglichkeiten**: Cafés im Ort oder am See
- **Reine Gehzeit**: 0,5 h
- **Streckenlänge**: 1 km

Anfahrt | Kurz vor dem nördlichen Ortsausgang von Marone biegt man beim Wanderschild ‚Monte Marone' rechts in die Via Risorgimento; ein Parkplatz ist in unmittelbarer Nähe (Hauptstraße), oder Sie parken am Straßenrand.

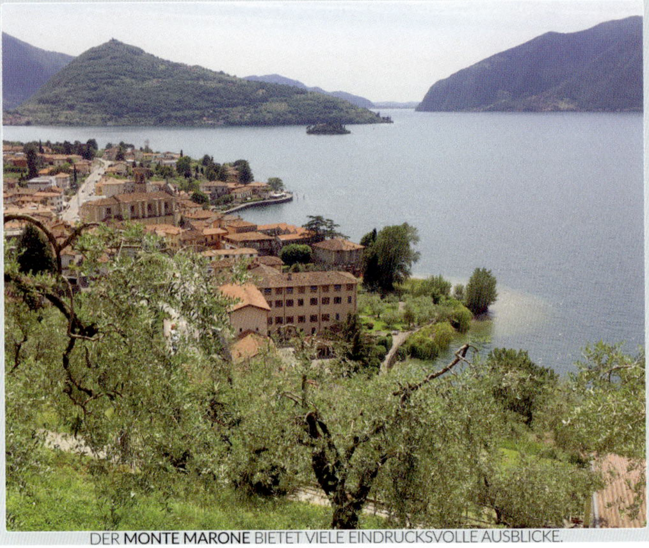

DER **MONTE MARONE** BIETET VIELE EINDRUCKSVOLLE AUSBLICKE.

Tourbeschreibung | 1 Laufen Sie die Via Risorgimento nach hinten durch, kurz vor dem Tunnel biegen Sie links in die Via Monte Marone ab (Achtung: Schild hängt auf der linken Seite!); gegenüber finden sich Wanderzeichen mit z.B. 264 CAI Marone Sentiero Cunicolo. Ab hier geht es zunächst auf einem breiten, später sich verengenden Wegstück steil bergauf; der Untergrund ist gepflastert, in der Mitte befinden sich Stufen, die durchaus benötigt werden. Schon bald passieren Sie mehrere Wohnhäuser, Agriturismobetriebe und eine Olivenöl-Manufaktur; der Weg bessert sich und an einer unscheinbaren Stelle erscheinen Wanderzeichen, die nach links u.a. den Weg zur **Punta Panoramica** (0,5 h) und dem **Cunicolo** weisen. Nach einer kleinen Pause und Orientierung, geht es auf demselben Weg wieder zurück.

TOUR 7b Aufstieg zur Punta Cunicolo (1 034 m)

Tourbeschreibung | 2 Erst 2018 wurde der Wanderweg CAI N° 264 vom örtlichen Alpenverein wiederhergestellt. Die aussichtsreiche Tour auf den erweiterten Hausberg von Marone ist relativ kurz (2 - 2,5 h), aber sehr steil; für eine kurze Tour eignet sich der Abschnitt zu einem **Aussichtspunkt**, den man in ca. 30 min. erreicht. Sobald Sie den Streckenbereich mit den Steintreppen von Marone herauf hinter sich haben, geht es auf relativ normalen Wegen weiter bergan. Bald schon erscheinen Wanderwegzeichen nach links und rechts: halten Sie sich links. Der Weg ist relativ unberührt, ein Pfad ist aber zu erkennen. Schnell gewinnt man Höhenmeter um Höhenmeter. Nach einer guten halben Stunde stößt man auf einen riesigen Felsbrocken, der den Anschein erweckt, demnächst mit Getöse ins Tal zu stürzen: dies ist der Panoramablick, der Punkt, an dem Ungeübte wieder umkehren!!!

Weiter zur Punta Cunicolo: Unmittelbar danach ist eine schräge Felsplatte zu bewältigen, hier sind Trittsicherheit und Mut gefragt. Zunächst erreichen Sie den Anticima Punta Cunicolo (768 m), nach weiteren 30 min. die Punta Cunicolo (1 034 m). Die Strecke ist teilweise felsig und mit T3 charakterisiert; also mit Kletterei, teilweise ausgesetzt. **Nur für Geübte**! Tipp zur Tourerweiterung: noch anspruchsvoller ist die Erweiterung zum **Monte Vignolo** (1 070 m); Abstieg dann über die Piramidi di Zone und den Monte Marone.

TOUR 7c Vom Monte Marone zu den Piramidi di Zone

Tourbeschreibung | 3 Geht man bei der Abzweigung zum Punta Cunicolo geradeaus weiter, führt der Weg leicht ansteigend, leicht schlängelnd durch den Ort. Am Ortsende führt die Straße zunächst geradeaus, um nach ca. 500 m über eine Rechtskurve die Landstraße nach Zone zu erreichen. Nach wenigen Metern bekommen Sie ein Angebot, auf der Valeriana bzw. auf einem Fußweg weiter anzusteigen. Einige Male muss in Folge die Straße überquert werden; dabei betritt man diese, läuft einige Meter darauf weiter und verlässt sie dann wieder. In Cislano haben Sie dann die Möglichkeit

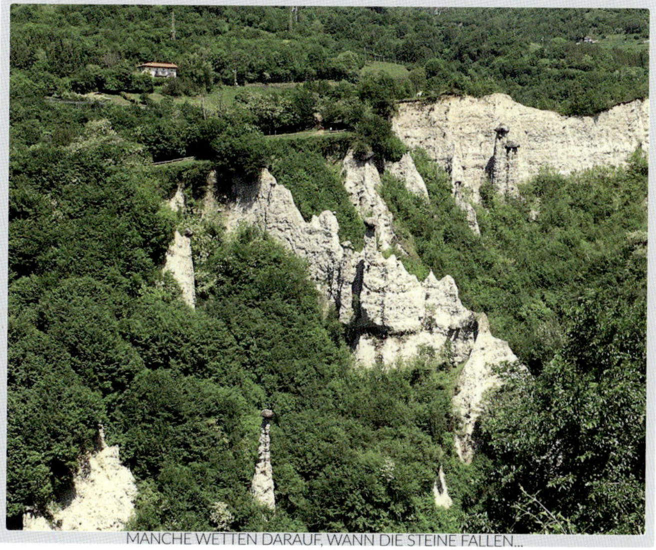

MANCHE WETTEN DARAUF, WANN DIE STEINE FALLEN...

Proviant einzukaufen, etwas zu essen und anschließend die Piramidi di Zone (Rundweg) anzuschauen; folgen Sie einfach den Hinweisschildern.

Alternativ führt ein schmaler Wanderpfad 3A durchs Gelände über die **Cascata Torrente Bagnador** zu den Piramidi. Er ist nicht wirklich ausgeschildert und nach dem Winter oftmals zugewachsen.

Tour-Ausklang | Im **Chiosco da Fabietto** kann man eine Kleinigkeit zu sich nehmen; die Qualität ist in Ordnung und man sitzt schön im Freien unter der Sonne Italiens. Wer etwas Richtiges essen möchte, geht über die Straße ins Ristorante Maneggio Val Tress; dort hat man sich auf frische Pasta mit Zutaten aus der Region spezialisiert: Je nach Jahreszeit oder Launen des Kochs gibt es Ravioli mit raffinierter Füllung oder Canneloni, inzwischen eine rare Delikatesse.

Entschließen Sie sich nach Zone weiterzugehen, geht es zunächst noch ein Stück an der Straße entlang, bis sich der Weg nach links absetzt. Über einen Schlenker erreichen Sie Zone. Wer abkürzen will, geht weiter entlang der Straße bis zum Ortseingang Zone. Mehr Details zu Zone siehe Tour 8.

TOUR 08 La Strada dell'Olio von Marone **

Attraktiver Spaziergang durch einen der schönsten Orte am Iseosee. Marone schmückt sich als Ort der Olive. Die ganze Geschichte kann man auf diesem Rundgang nachverfolgen, kann Oliven probieren und kaufen.

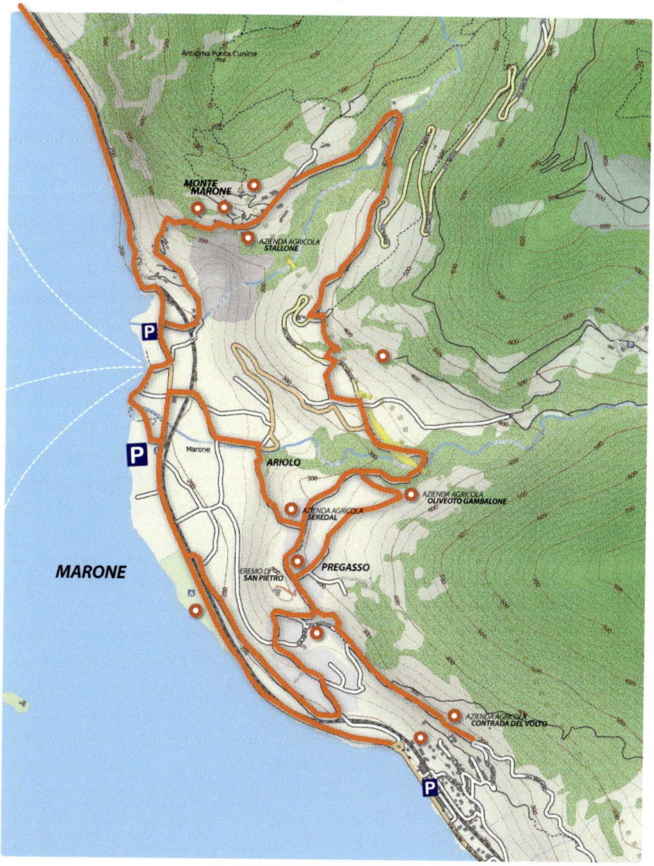

- **Ausgangsort**: Marone
- **Zielort**: Rundwege
- **Einkehrmöglichkeiten**: Cafés, Restaurants im Ort
- **Reine Gehzeit**: bis zu 4 h
- **Streckenlänge**: 13 km

Tourbeschreibung | Marone arbeitet intensiv an seinem Image als Olivenölzentrum am Lago d'Iseo. Die Leute vom Marketing haben sich wieder etwas einfallen lassen: die Strada dell'Olio. Mit ihren fast 13 km bietet sie genug Strecke auch für versierte Wanderer. Noch dazu gibt es den sogenannten ‚**percorso medio**', der auch etwas in die Bergwelt

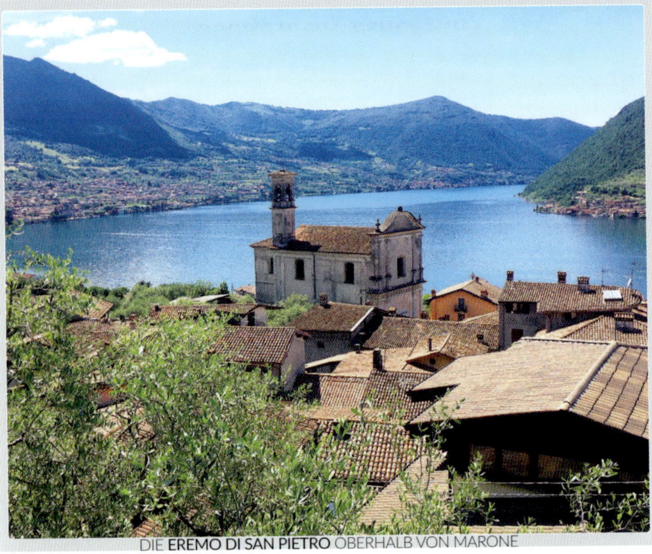

DIE **EREMO DI SAN PIETRO** OBERHALB VON MARONE

eintaucht. Alle anderen Strecken tragen das Etikett ‚facile'. Zur Orientierung hat die Gemeinde eine Wanderkarte und eine ausführliche Infobroschüre herausgegeben, die Sie hier herunterladen können. Selbstverständlich kann man beides auch im Tourismus-Büro in der Hauptstraße des Ortes bekommen. Aktuell sind 14 Aziendas aufgeführt, drei davon sind erst seit kürzerer Zeit Mitglied im Club. Die Aziendas bieten die Möglichkeit des Probierens und Kaufs der erlesenen Öle; nur ist es nicht so, dass überall entsprechende Probier- und Verkaufsräume offenstehen. Ein bisschen Mut und Unerschrockenheit braucht es schon, um an der ein oder anderen Tür zu klopfen!

Wer kein Interesse am Öl hat, findet trotzdem einen ‚roten Faden' durch Marone und die Besonderheiten des Ortes. Zu empfehlen ist der steile Anstieg zum Monte Marone (siehe Tour 07), vorbei am alten Steinbruch im Norden des Ortes; der Monte Marone ist ein schönes Stück Erde mit individuellen Wohnhäusern und einigen Manufakturen.

13 km, 4 h, 200 - 300 hm

TOUR 09 Zur Corna Trentapassi ***

Abwechslungsreiche, familientaugliche Bergwanderung zu einem Gipfel mit Panorama-Aussicht. Die Tour ist am Wochenende bei Touristen und Einheimischen sehr beliebt, daher am besten das Wochenende meiden.

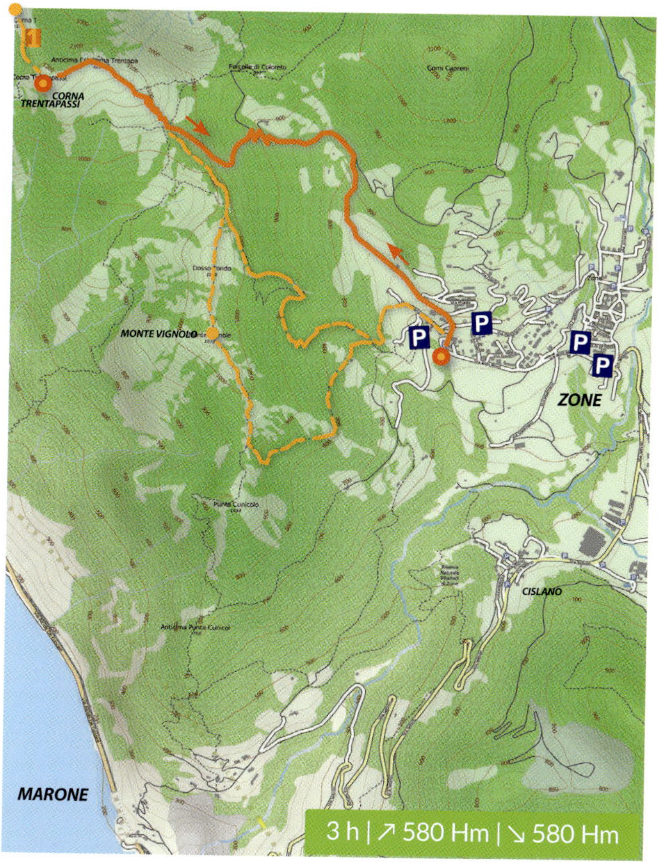

- **Ausgangsort**: Zone
- **Zielort**: Gipfel der Corna Trentapassi
- **Einkehrmöglichkeiten**: Cafés und Restaurants in Zone
- **Reine Gehzeit**: 3 h
- **Streckenlänge**: 6 km

Anfahrt | Über die SP32 von Marone nach Zone. Im Ort befindet sich der Wanderparkplatz im Westen von Zone.

Tourbeschreibung | Trotz seiner moderaten Höhe von 1 248 Metern ist die Corna Trentapassi, einer der schönsten Aussichtsberge am Iseosee und sehr beliebt bei Einheimischen und Urlaubern. Die Strecke wird übereinstimmend als leicht bis mittelschwer eingestuft: die Begriffe Corna Trentapassi bedeuten so viel wie ‚die Hörner der 30 Schritte', was wohl auf die kurzen Entfernungen der drei Gipfel hindeutet. Die Wanderung dauert ca. 3 Stunden und ist auch für Kinder gut geeignet, Trittsicherheit und Schuhe mit Profil und fester Sohle vorausgesetzt. Die Wegmarkierung ist rot. Übrigens: im Ort ist ein kleiner **Alimentari-Markt**, der Dinge bereithält, die Wanderer gut gebrauchen können; die nette Dame bereitet auch Panini (Semmeln) mit Käse, Schinken und Salami zu.

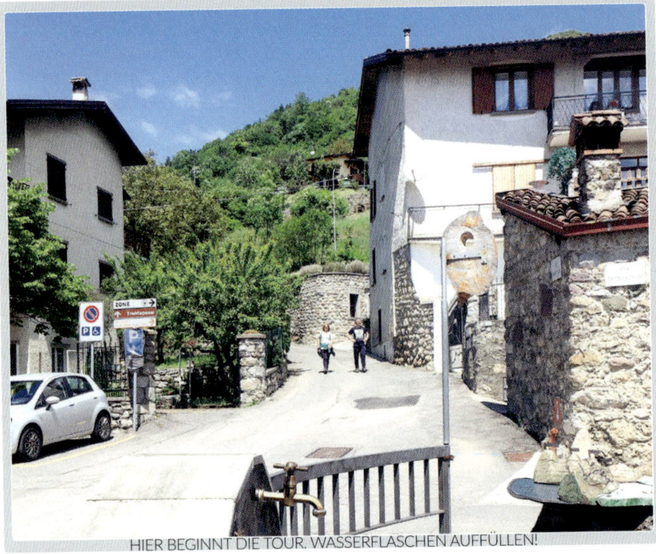

HIER BEGINNT DIE TOUR. WASSERFLASCHEN AUFFÜLLEN!

Die Tour beginnt an der Via Marcolano am westlichen Ortsausgang, wo sich drei Parkplätze in Laufnähe befinden. Zunächst verläuft der Weg auf einer schmalen, asphaltierten Ortsstraße, geht dann aber bald in einen schönen und schattigen Laubengang über. An der alten Brücke links. Ein Brunnen rechts sorgt für frisches Wasser und die Bodenbeschaffenheit ändert sich: ab hier geht es ca. 20 min. auf italienischem Kopfsteinpflaster weiter. Weitere 20 min. verläuft die Strecke nun auf betonierten und teilweise steilen Rampen über einige Kehren in den Bergwald hinein, den man nach 40 min. wieder verlässt; der Untergrund ist jetzt erdig und steinig. Über einen stark erodierten Bergrücken geht es dann in offenem Gelände in Serpentinen zunächst auf den Ostgipfel (Anticima Est CT, 1 192 m); am Nachmittag kann man sich hier wunderbar sonnen und ein wenig ausruhen. Für 20 min. geht es weiter bergauf, der Weg wird nun zunehmend steiler und viele wilde Wege erschweren die Orientierung; der Hauptgipfel, der Corna Trentapassi (1 248 m), ist nun erreicht. Von hier oben

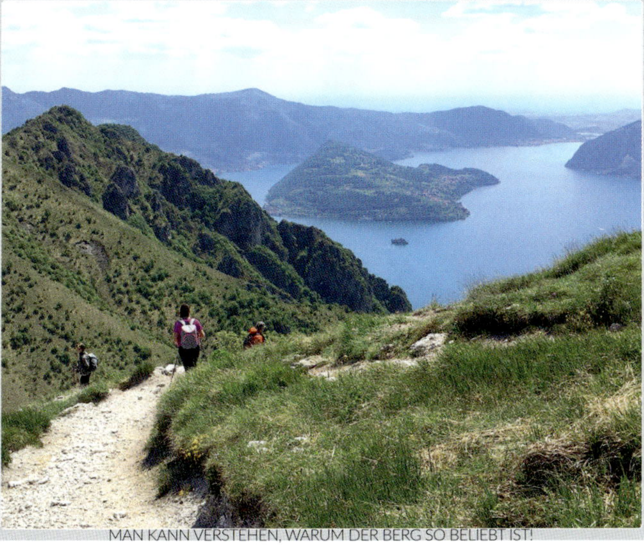

MAN KANN VERSTEHEN, WARUM DER BERG SO BELIEBT IST!

kann man fast den ganzen See überblicken, ins Val Camonica sehen, in einige Seitentäler und die beeindruckende Bergwelt rund um den Monte Guglielmo im Osten bestaunen. Werfen Sie noch einen Blick ins Gipfelbuch, das sich am großen Aluminiumkreuz befindet; es gibt auch ein kleines Tischchen zum Schreiben.

Auf demselben Weg geht es in gut 1 h zurück nach Zone. **Abstiegsvariante**: Wer noch Kraft und Ausdauer besitzt, kann in südlicher Richtung über den Kamm bis fast zum **Monte Vi-**

GERNE TRAGEN SICH DIE WANDERER INS **GIPFELBUCH** EIN.

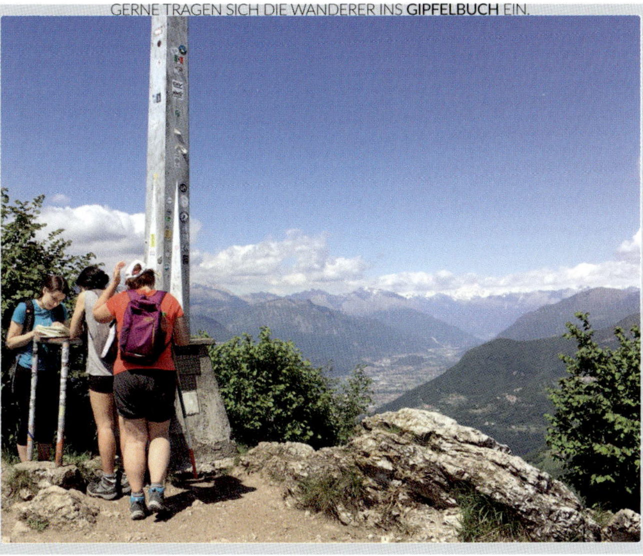

gnolo (1 070 m) hinübergehen und vor dem Gipfelaufstieg auf dem Weg 229A nach Zone absteigen; dazu zunächst denselben Weg zurück und vor Eintritt in den Bergwald den rechten Weg nehmen; Wegweisung beachten.

6 km, 3 h, 580 hm

Tourerweiterung | 1 Einige Wanderer bevorzugen einen kurzen Abstecher zum nördlichen Gipfel (Anticima Nord CT, 1 175 m.) mit Blick auf den See und das Val Camonica. Dieses Teilstück ist aufgrund des erhöhten Schwierigkeitsgrades nur mit entsprechendem Schuhwerk, Ausdauer und Erfahrung ratsam.

Tourausklang | Wer etwas 'Richtiges' essen möchte, geht bei Cislone ins **Ristorante Val Tress**; dort hat man sich auf frische Pasta mit Zutaten aus der Region spezialisiert: Je nach Jahreszeit oder Launen des Kochs gibt es Ravioli mit raffinierter Füllung oder Cannelloni, inzwischen eine rare Delikatesse. In Zone gefällt die **Pizzeria Almici** am Ortseingang am besten; beliebt für einen kurzen Kaffee ist die Außenterrasse des **B&B Centrale** im Ortskern.

TOUR 10 Der Monte Guglielmo ***

Diese Tour ist eine der schönsten der Gegend, bietet sie erstklassige Hüttenkultur und Weitblicke der Sonderklasse. Der 1 957 m hohe Monte Guglielmo weist zahlreiche Naturerlebnisse, eine Kapelle und eine Statue von Johannes Paul VI auf.

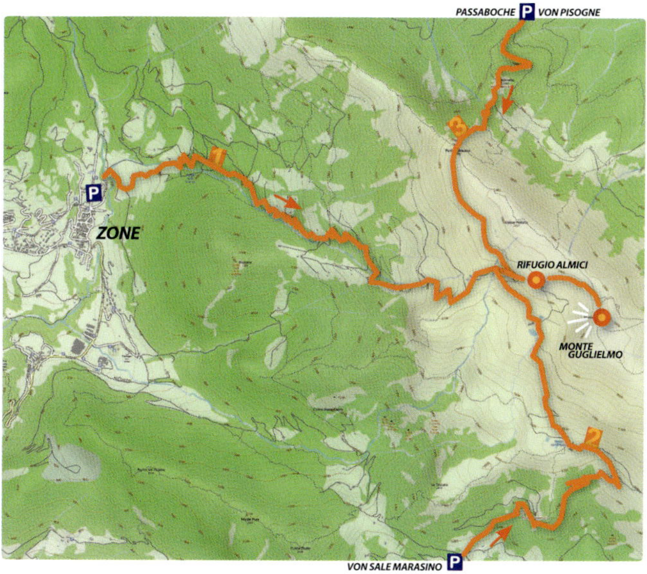

Es gibt drei unterschiedliche Möglichkeiten, die Tour zu beginnen: **von Zone aus**, alles zu Fuß, über eine Art Tobel, wie man sie aus den Allgäuer Alpen kennt; leider (oder auch Gott sei Dank) liegt dieser teilweise im Schatten. Die zweite Variante beginnt beim **Rifugio Croce di Marone**; von hier kann man über eine typisch italienische Zufahrtsstraße mit dem Auto hinauffahren. Die dritte Möglichkeit führt über Pisogne ziemlich weit im Norden des Sees zum **Parkplatz Passaboche**, wo es ohne große Höhen zu überwinden, ebenfalls zum **Rifugio Almici** geht.

WANDER-TIPP

Ausgangspunkt | 1 **Rifugio Croce di Marone** (2,5 h)

Fahren Sie von Marone hinauf nach Cislano. Kurz nach dem Ort zweigt die Straße rechts ab: Monte Giuglielmo und der Wohnmobilstellplatz sind ausgeschildert. Fahren Sie nach dem Womo-Stellplatz rechts herum und nach knapp 100 m wieder scharf links. Dieser schmalen, sich nach oben schlängelnden Fahrstraße folgen Sie nun ca. 5 km, die Piste wird nach oben hin nicht besser. Geben Sie nicht auf, die ‚**Höllenfahrt**' hat irgendwann ein Ende. Oben warten ein Parkplatz

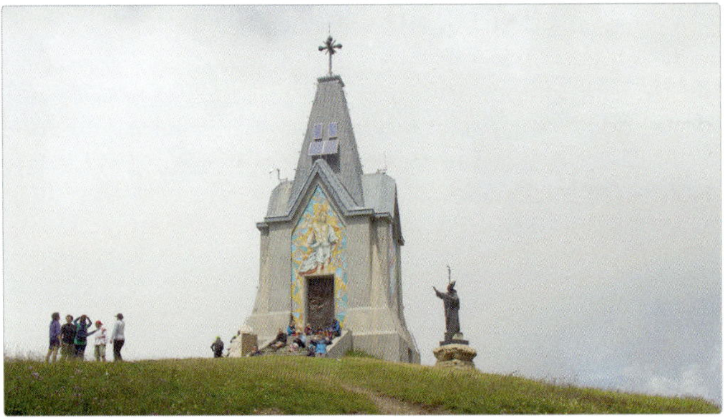

und das **Rifugio Croce di Marone** auf Gäste. Zu Fuß geht es jetzt auf breiten Forstwegen in mehreren Kehren nach oben; Möglichkeiten zum Abkürzen sind vorhanden. Folgen Sie einfach der Beschilderung: nach ca. 6 km, vorbei an einem landwirtschaftlichen Betrieb (verkauft gelegentlich Käse) erblicken Sie das Rifugio Almici, das für eine gute Bewirtung bekannt ist; geöffnet ist es von Mai bis Oktober (bei gutem Wetter). Anfahrt auch von Marone und Sale Marasino möglich!

Ausgangspunkt | 2 **Parkplatz bei den Bosci degli Gnomi** (über Zone, Via Monte Guglielmo; 3 h)

Fahren Sie nach Zone hinein, oben vor dem Sportgelände zweigen Sie dann rechts in die Via Monte Guglielmo ab (Beschilderung: Bosci degli Gnomi - Wald der Gnome); Parkbuchten am Ende der Straße. Der Weg beginnt hinter der Brücke rechts und führt zunächst durch dichten Laubwald entlang des Gebirgsbachs (Torrente Val Valdul) im Zickzack schnell nach oben. Später öffnet sich das Gelände und es geht weiter in Schlangenlinien, die sich weiter oben immer mehr öffnen, auf weitflächigen Almen zum Rifugio Almici.

Ausgangspunkt | 3 **Parcheggio di Passabocche** (2 h)

Per Auto geht es am großen Kreisverkehr vor Pisogne in Richtung Grignaghe; und zwar solange, bis es auf der Via San Carlo (Hinweisschild: San Carlo) rechts weitergeht. Nach ca. 4 km ist der Parkplatz erreicht.

Treffpunkt aller drei Aufstiegsvarianten ist das **Rifugio Almici**: von hier aus geht es in 15 min. in einem weiten Rechtsbogen auf den Gipfel. Die Gipfelkapelle samt allerlei Skulpturen und Bildnisse weiß zu überraschen. Der Panorama-Weitblick ist atemberaubend schön; manche behaupten, man könne bei guten Bedingungen sogar den Gardasee sehen.

TOUR 11 Tour zur Punta Almana ***

Anstrengende und vielfältig erweiterbare Tour auf einen der schönsten Aussichtspunkte des mittleren Iseosees. Steile Anstiege auf unterschieldlichem Grund erfordern Kondition und Wille.

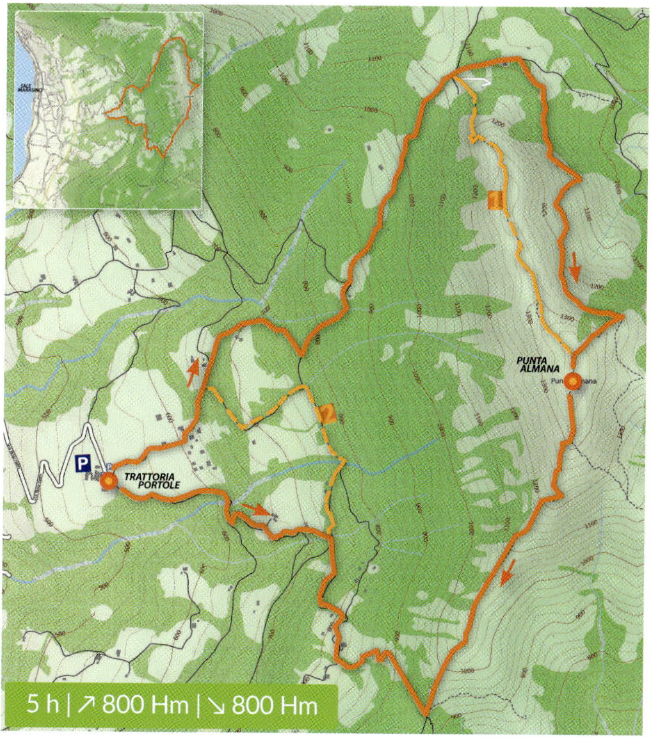

- **Ausgangsort**: Trattoria Portole (Sale Marasino)
- **Zielort**: Gipfel der Punta Almana (1 390 m)
- **Einkehrmöglichkeiten**: Trattoria Portole, Osteria Pastina
- **Reine Gehzeit**: 5 h
- **Streckenlänge**: 8 km

Anfahrt | Anfahrt von Sale Marasino über die Via Presso zum gleichnamigen Ortsteil. Von hier geht es weiter in mehreren Serpentinen zur Trattoria Portole (Via Presso 106) mit fantastischer Aussicht und schmackhaften Gerichten.

Die Punta Almana ist einer der schönsten Aussichtspunkte am östlichen Iseosee. Der Weg ist eher alpin, aber für normale Wanderer ohne große Probleme zu gehen. Die Tour ist heute nach einem Gründer der hiesigen Alpenvereinsgruppe, Sale Marasino, Filippo Benedetti, benannt.

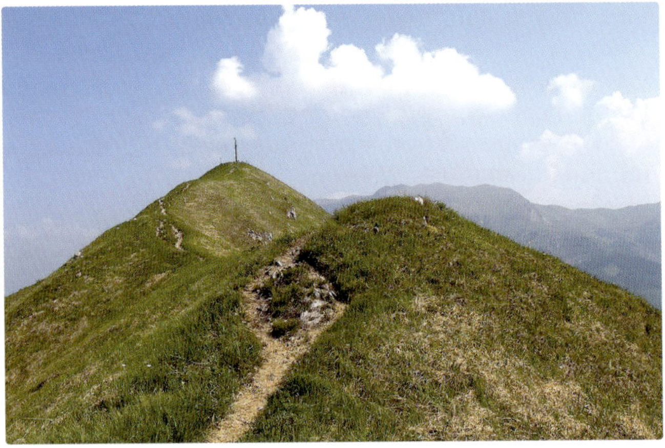

Tourbeschreibung | Der strategisch sinnvollste Startpunkt für die Tour ist die Trattoria Portole im oberen Ortsteil von Sale Marasino, da hier am Wanderparkplatz auch die Rückpassage endet. In der Regel verläuft der Weg über die linke Seite im Uhrzeigersinn, was zwei Gründe hat: der Blick nach Westen ist interessanter! Man trifft beim Abstieg auf die Osteria Pastina, wo man sich erfrischen und stärken kann (Mittwoch ist Ruhetag). Also starten wir links den Aufstieg über befestigte Wege, bis zu einer T-Kreuzung nach ca. 800 m; folgen Sie der Beschilderung Forcella di sale, der Weg wird immer abenteuerlicher und steiler. Bleiben Sie so lange auf diesem Weg, bis die Berge links und rechts einen kleinen Sattel ausbilden, die Forcella di sale mit Marienkapelle. Wenn Sie möchten, gehen Sie ein paar Schritte leicht rechts zurück und die Aussicht wird grandios!

Hier zweigt auch die Diretissima (3VA) ab, von der unerfahrenen Bergwanderern aber abgeraten werden muss. Der Weg über die Punta Cabrera ist mit Klettereinlagen versehen und verläuft teilweise ausgesetzt, also lieber Finger weg! Bedeutend einfacher verläuft der 'Umweg' weiter hinten über die Malga Casere (Käsealm), folgen Sie dem Weg rechts an der Kapelle vorbei (3V). Nach kurzer Zeit steigt man durch Wald, später auf Wiesen zum Vorgipfel der Punta Almana (1390 m) auf; der Blick wird frei für das beeindruckende Szenario. Folgen Sie dem Grat zum Gipfelkreuz und genießen Sie den Ausblick, er ist wunderbar. Der Abstieg verläuft noch gut 1 km entlang des Grats nach Süden, dann zweigt man rechts ab. Nach wenigen Minuten erreichen Sie die Osteria. Buon appetito! 50 m hinter dem Gasthaus zweigen Sie links in ein kleines Waldstück ab und erreichen nach 15 min. den Parkplatz.

8 km, 5 h, 800 hm

TOUR 12 Uferweg Vello-Toline ***

Wunderschöner Spaziergang am Ufer des Iseosees. Wasserschlangen und Eisvögel kann man hier entdecken. Die Strecke verläuft auf der alten Küstenstraße, die seit 15 Jahren ausschließlich Fußgängern und Fahrradfahrern vorbehalten ist. Einfach nur gut!

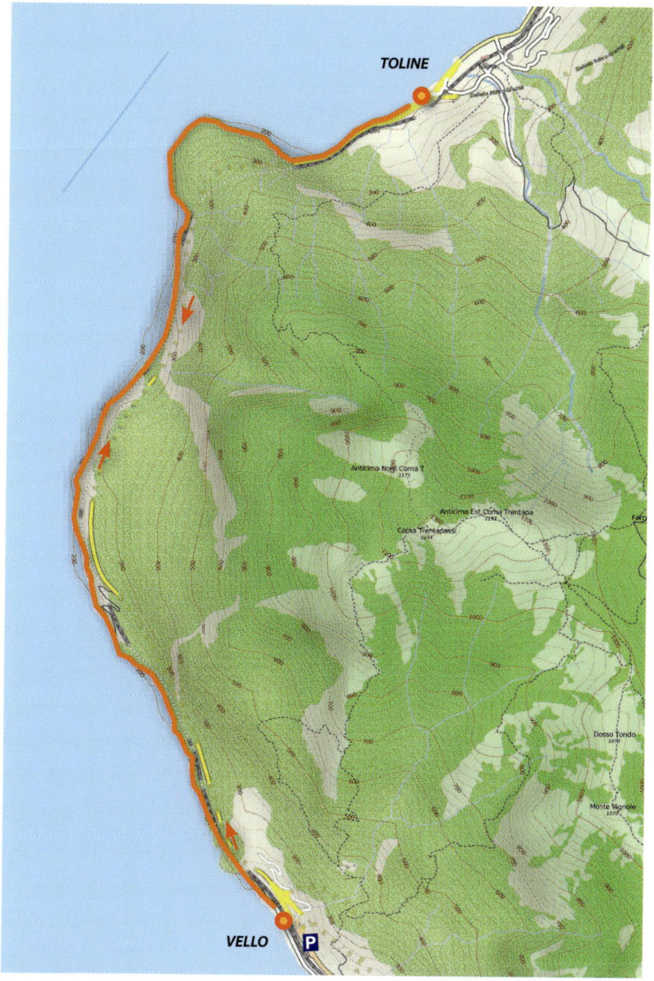

- **Ausgangsort**: Vello
- **Zielort**: Toline
- **Einkehrmöglichkeiten**: auf beiden Seiten gibt es einen Kiosk
- **Reine Gehzeit**: 1 h
- **Streckenlänge**: 4 km

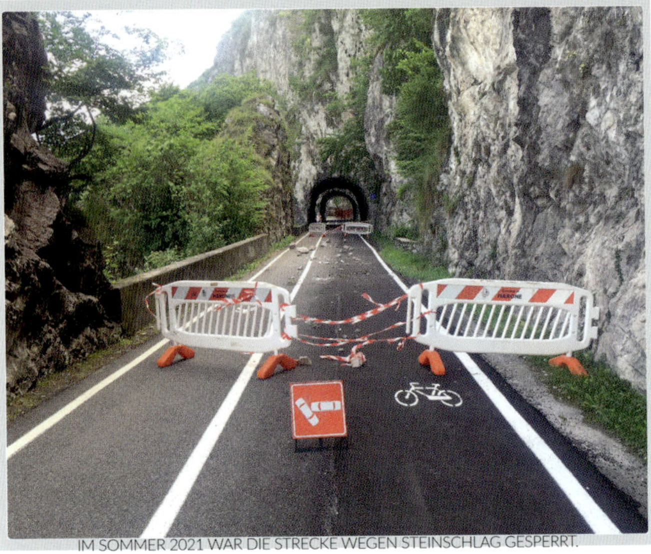

IM SOMMER 2021 WAR DIE STRECKE WEGEN STEINSCHLAG GESPERRT.

Nicht nur mit dem Rad, auch zu Fuß macht diese Tour so richtig Spaß. Am nördlichen Ortsrand von Marone, ganz unten an der Uferstraße, beginnt diese sehenswerte und einfache Strecke, quasi ein Spaziergang. Als Radtour bekannt, kann man die gut 4 km auch zu Fuß ablaufen oder joggen. Für Hin und zurück benötigt man ca. 2 h.

Die Strecke verläuft direkt am See, meist mehrere Meter oberhalb der Wasseroberfläche auf einem asphaltiertem Weg. Die Aussicht auf die Umgebung ist grandios, unterwegs kann man Eisvögel, Wasserschlangen und andere Tiere sehen. Auch die Surfer und Taucher nutzen die attraktive Umgebung für ihren Sport. Auf beiden Seiten der Strecke gibt es die Möglichkeit einer Einkehr: von Süden her im Kiosk des örtlichen Seebads (Jazz Café), von Norden her im Kiosk (Porto Vecchio Food & Drink) neben der Hauptstraße auf Höhe von Tolino. Wer möchte, kann die Tour über Toline nach Pisogne ausdehnen. Es geht fast ausschließlich auf Fuß- und Radwegen voran, nur ein kurzes Stück muss man auf die Straße. Kurz vor Toline tobt sich immer wieder mal die örtliche Grafitti-Szene an den massiven Betonbauten aus; durchaus sehenswert. Kurz vor Toline wartet schon der nächste Kiosk auf einer kleinen Grünfläche am See.

4 km (mit Pisogne 7 km), 1 h (2 h), 0 hm

Porträt: Das **Projekt Malghe in rete** (Almen-Netzwerk)

Das Projekt Malghe in Rete wurde ins Leben gerufen, um die Weideflächen auf der brescianischen Seite des Iseosees zu erhalten und gleichzeitig die Aktivitäten und die typischen Produkte der in diesem Gebiet wirtschaftenden Almen (Malghe) mit ihren kulturellen und ökologischen Merkmalen für den Tourismus bekannt zu machen.

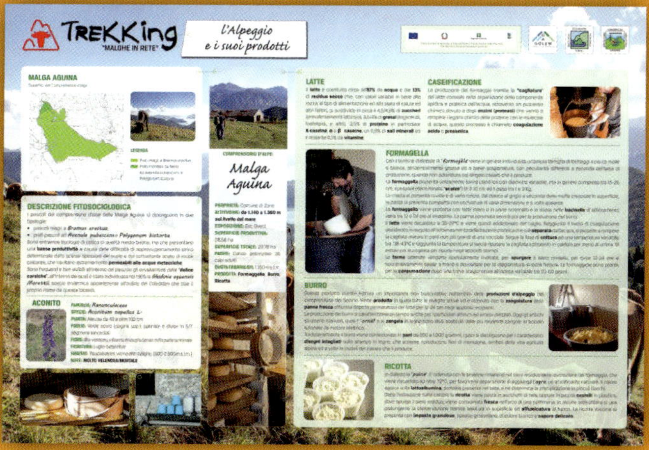

Die Herangehensweise zielte darauf ab, die vielfältigen Aspekte einer zu schützenden Landschaft, die Interessen der Hüttenbesitzer wie der Touristen zu verbinden. Die Region wurde dazu in fünf Ringe (annello) aufgeteilt: Punta Almana (s. Tour 15), Monte Guglielmo (s. Tour 9), Tredici Piante, Punta Caravina und Val Palot. Die Strecken sind dabei so gewählt, dass die Betriebe (meist Käsereien) ihre Arbeit vorstellen und ihre Produkte anbieten können. Zusätzlich wurden am Startpunkt und anderen Stellen der jeweiligen Tour Informationstafeln errichtet, die den Streckenverlauf skizzieren; der passende Flyer liegt an verschiedenen Stellen aus und informiert über die wichtigsten Details.

TREKKing "MALGHE IN RETE"

Wanderungen in der Region um

Sarnico und Predore

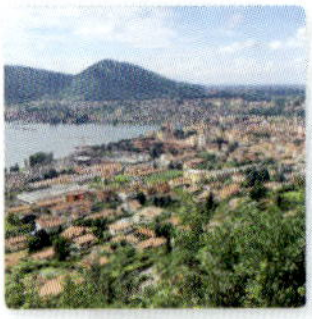

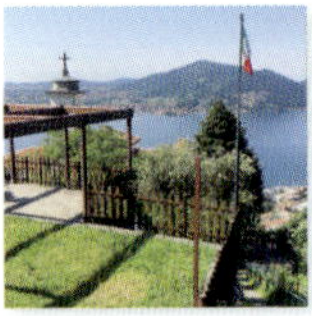

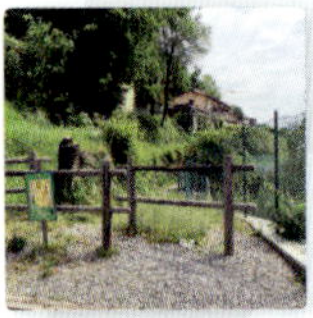

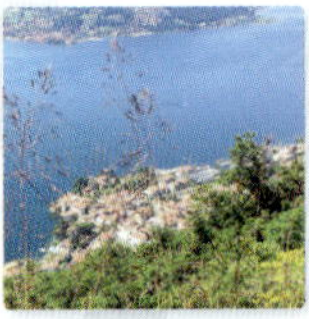

Monte Bronzone

Punta Alta

Santaurio Madonna delle Neve

Forcella di Molere

Predore

Sarnico

Sarnico ist ein angenehmer und freundlicher Urlaubsort ganz unten im Süden, dort, wo der Fluss Oglio den Iseosee wieder verlässt. Er gehört zu den reichsten Orten am See. Allein der Bevölkerungszuwachs in den letzten Jahrzehnten spricht eine deutliche Sprache. Früher umsatzstarker Handelsort, setzt man heute unter anderem auf den Tourismus. Der schönste Teil Sarnicos verläuft halbkreisförmig um die Brücke nach Paratico. Die hübsche Altstadt ist verwinkelt und es gibt einige interessante historische Gebäude. Weiter nach Norden befindet sich die großzügige Promenade mit Cafés und Restaurants.

Schöne alte ‚Palazzi' und tolle Seeblicke entdeckt, wer ein wenig zwischen den Häusern in **Predore** herumläuft. Auf Höhe des Rathauses bietet sich ein Abstecher in den kleinen Ortskern mit Besichtigung der schönen Pfarrkirche und des Uferbereiches an. Ein schöner Spaziergang führt zur Wallfahrtskirche Madonna della Neve in San Gregorio, die man über eine Treppe von fast 300 Stufen erreicht.

TOUR 13 Forcella di Molere bei Sarnico ***

Traumhafte Blicke auf den östlichen Iseosee eröffnet diese kurze, attraktive Wanderung in die Höhen oberhalb von Sarnico. Das gleichnamige B&B an der 1. Weggabelung ist eine reizvolle Unterkunft.

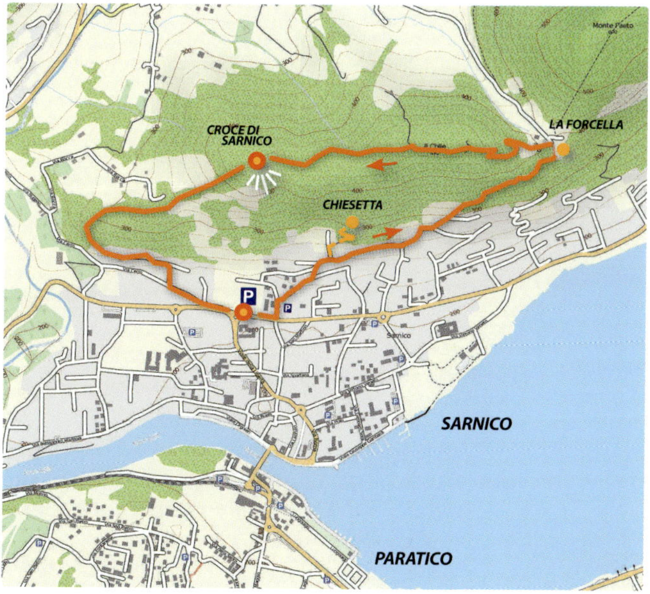

- **Ausgangsort**: Sarnico (beim Friedhof)
- **Zielort**: Rundweg
- **Einkehrmöglichkeiten**: Cafés und Restauarants in Sarnico
- **Reine Gehzeit**: 2 h
- **Streckenlänge**: 6 km

Tourbeschreibung | Die gut zweistündige Wanderung ist erst sit kurzer Zeit wieder möglich und verläuft rautenförmig gegen den Uhrzeigersinn in den Anhöhen hinter Sarnico. Sie bietet einen schönen Blick auf den See, Sarnico und die Flusslandschaft des Giglio. Am besten Sie starten beim Parkplatz in der Nähe des großen Kreisels (beim Friedhof) in der Via Alpini beim Kiosk Sapori e Passioni, wo man zum Ausklang eine Stärkung zu sich nehmen kann; am Parkplatz befindet sich ein erster Wegweiser. Schon nach 70 m zweigen Sie halbrechts ab, die Straße beginnt anzusteigen. Nach 150 m queren Sie durch einen kleinen Fußgängertunnel auf die Parallelstraße, der Sie bis zum Ende folgen. Links kann man kurz optional zur **Chiesetta degli Alpini** abzweigen, mit ca. 5 min. sind Sie dabei. Es bleibt allerdings zunächst noch städtisch, ein kurzes Stück auf einem Trampelpfad, weitere 400 m

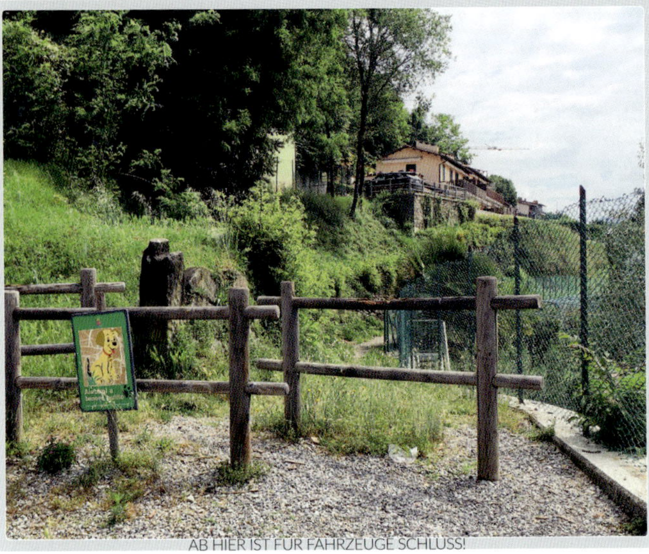

AB HIER IST FÜR FAHRZEUGE SCHLUSS!

auf einer Betonpiste mit Querrillen und endlich führt uns ein schmaler Wanderpfad nach 500 m zur **Forcella Molere**, was eigentlich das **B&B Forcella** (QR-Code mit mehr Informationen!) mit toller Aussicht ist. Ein paar Wanderzeichen, eine Holztafel ohne Inhalt und eine Bank verführen zu einer kleinen Pause.

Anschließend folgen wir dem Wanderzeichen ‚Forcella Molere' scharf links in Richtung Gipfel; es geht in ein paar Kehren zum Grat, dem wir weiter leicht ansteigend folgen. Die Strecke ist zunächst sonnig, später auch waldig und mehrere Picknick-Plätze folgen. Der Gipfel ist als solcher kaum erkennbar, und bald geht es wieder bergab. Nächstes Ziel ist das **Croce del Sarnico**, ein cooler Aussichtspunkt mit wehender Bandiera. Der Abstieg nach Sarnico naht und entlang eines Themenweges namens ‚**La rocca dei Sensi**' ist der Ort nach wenigen Minuten erreicht.

6 km, 2 h, 290 hm

Tourausklang | La Svolta (kommt man auf dem Rückweg vorbei), Pizza auf die Hand; **Pasticceria Dolce Lago** (beste Konditorei in der näheren Umgebung) in der Via Vittorio Veneto 53 beim neu eröffneten CONAD vorne am See. Das Angebot der Pasticceria ist umwerfend: neben den berühmten Pasticcini in süß, macht der Chef auch pikante Häppchen.

TOUR 14 Monte Bronzone bei Sarnico **

Der Monte Bronzone ist ein beliebter Aussichtsberg am Westufer des Iseosees mit Friedensglocke und Einkehrmöglichkeit im Rifugio Gombo Alto, das allerdings etwas unterhalb des Gipfels liegt. Den Ab- und Aufstieg wollen nicht alle in Kauf nehmen.

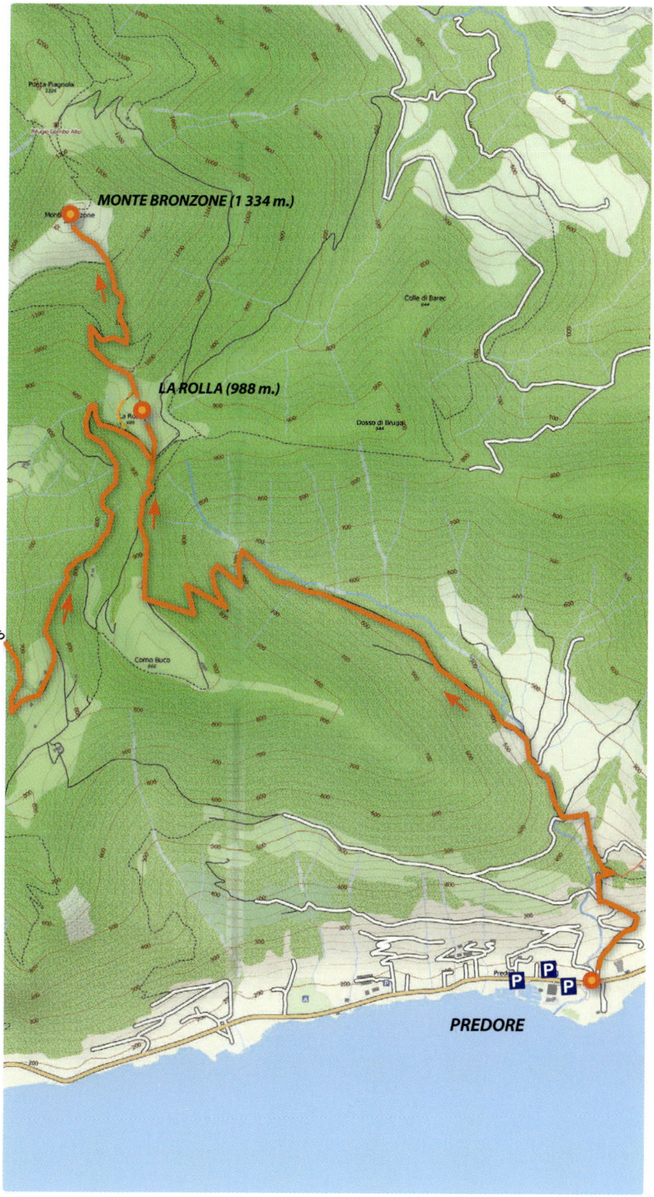

Aufstieg von Sarnico über Lerano

WANDER-TIPP

Verlassen Sie die Stadt am großen Kreisel in Richtung Milano/ Bergamo, Autobahn), passieren Sie den Ort Villongo und biegen Sie beim nächsten Kreisel rechts nach Viadanica ab. Nach 1,5 km rechts ab (Viadanica). Folgen Sie der Hauptstraße nun ca. 4 km bis zum Dorf Lerano, wo sich am Ortsende ein Wanderparkplatz befindet. Nach wenigen Schritten erreichen Sie die **Chiesa degli Alpini**, für uns geht es weiter auf dem gut ausgebauten Wanderweg.

12 km, 4 - 5 h, 980 hm

Aufstieg von Predore

Der Aufstieg direkt von Predore aus ist sehr vielseitig und variantenreich. Je nach Können und Ausdauer kann man unterwegs unterschiedliche Routen wählen. Ausgangspunkt der Wanderung ist das Rathaus von Predore; Sie halten sich links, ein Schild mit der Aufschrift **inizio itinerari** (Beginn aller Wanderungen) deutet auf einen zentralen Punkt hin, an dem die meisten Strecken beginnen. Wir folgen der Straße ca. 400 m in einem weiten Linksbogen bergauf und treffen an einer Gabelung auf eine Panoramakarte, die die Bergwelt hinter Predore zeigt. Nach kurzem Studium halten Sie sich rechts, folgen der Straße noch ein wenig, und gehen bei der nächsten Gabelung links; Wegnummer 709. Jetzt befinden Sie sich auf einer Art Zubringer, kerzengerade geht es in südlicher Richtung leicht bergauf. Nach 1,5 km tauchen Sie beim letzten Gehöft in den Bergwald ein. Nur ca. 10 min. führt der Weg durch und am Wald entlang, dann erreicht man einen kahlen Bergrücken, den wir in einer etwas längeren Kurve links umlaufen (Abkürzung über einen Bauernhof ist möglich); Wegnummer TPC. Damit sparen wir uns rechter Hand den Aufstieg auf den Corno Buce einen kleinen (Fast)Eintausender. In zwei Serpentinen geht es jetzt weiter bis zu einem Sattel, wo mehrere Wanderpfade aufeinandertreffen; wählen Sie den Weg 701 über die Kuppe La Rolla zum Monte Bronzone; der offizielle Weg verläuft links herum, der direkte Weg führt schnurgerade auf den Gipfel. Entscheiden Sie selbst! Auf dem Gipfel erwarten Sie ein Mega-Ausblick und eine Glocke, die man zum Klingen bringen kann ...

14,5 km, 5 - 6 h, 1 150 hm

TOUR 15 Von Predore zur Punta Alta **

Wunderschöne Höhenwanderung zum östlichen Ausläufer des Corne di Predore, die man von Predore aus über einen sehr steilen Weg zum Santuario de San Gregorio erreicht. Sehr schmaler Bergpfad, mit Ausblicken von Sarnico bis zur Monte Isola; im Mai/Juni blühen hier oben sehr seltene Pflanzen.

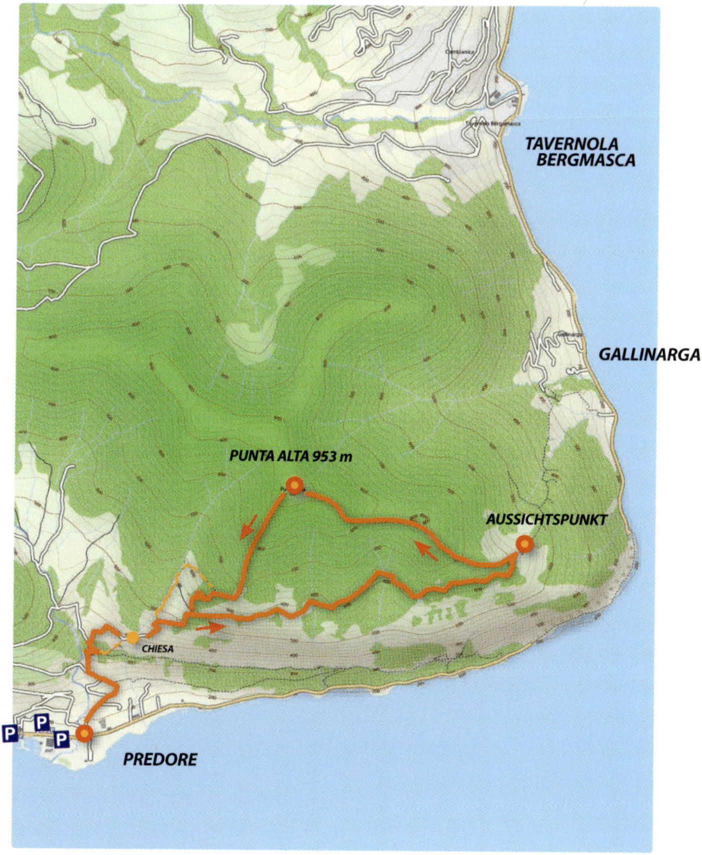

- **Ausgangsort**: Rathaus in Predore
- **Zielort**: Punta Alta (953 m)
- **Einkehrmöglichkeiten**: nur in Predore
- **Reine Gehzeit**: 3 - 4 h
- **Streckenlänge**: 7,5 km

Charakteristik | Über Ortsstraßen gelangt man in den oberen Ortsteil; an der Panoramakarte geht es rechts weiter bergauf, bald folgt eine Treppenpassage. Schöner Höhenweg am Hang mit wechselnder Wegbeschaffenheit.

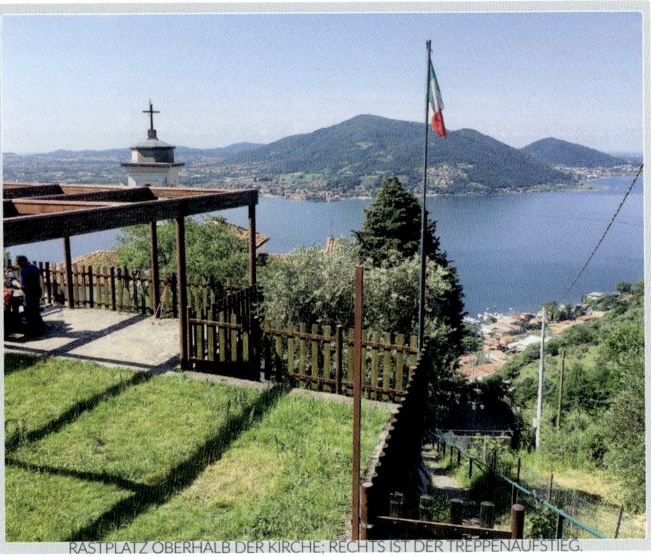

RASTPLATZ OBERHALB DER KIRCHE; RECHTS IST DER TREPPENAUFSTIEG.

Tourbeschreibung | Im Juni 2021 war der Weg etwas eingewachsen, wir hoffen, es lag an Corona und der Alpenverein geht die Sache demnächst an. Optional kann die Tour über die Punta Alta noch gesteigert werden. In Predore folgt man der Straße links des Rathauses nach oben; bald wird die Straße enger und steiler. Für Fußgänger gibt es ein paar Alternativen, viele Autos fahren hier aber eh nicht. Bald erreicht mein ein gelbes Haus mit Wanderkarte und wenigen Parkplätzen, es ist das Wasserwerk von Predore. Wir halten uns rechts und erreichen nach 2-3 Kehren den Treppenaufstieg zur Santuario; alternativ folgt man der schmalen Straße weiter. Die Treppen haben es in sich und rauben einiges an Energie für den Rest des Tages. Schön ist der Blick vom Balkon des Gotteshauses auf den See und Predore. Hinter der Kapelle geht es noch ein paar Treppen weiter und man befindet sich wieder auf der Betonrampe mit Querrillenmuster. Es wird für 20 min. sehr steil und damit richtig anstrengend; erst am Picknickplatz mit Wegweisern und Wanderkarte endet die sportliche Herausforderung und das eigentliche, flache und 2 km lange Wegstück beginnt. Landschaftlich reizvoll verläuft die Strecke weitgehend im offenen Gelände, nur das letzte Drittel ist waldig. Am Casa di Monte endet der Weg 733 und geht in Weg Nr. 707 zur Punta Alta (953 m) über. Durch Wald geht es steil bergauf, steinig, erdig und gerröllig wechseln sich ab. Am Gipfel angekommen, begeistert der Ausblick. Über den Westgrat mit der Wegnummer 734 steigt man ab und trifft bald auf den Aufstiegsweg in der Nähe der Santuario.

7,5 km, 3,5 bis 4 h, 800 hm

Tourausklang | Am Hafen von Predore bietet das **La Marinetta** gute Speisen zu einem vernünftigen Preis; nehmen Sie auf der Dachterrasse Platz. Bestlage am See und dafür noch bezahlbar, das bietet das **Ristorante Il Gabbiano** direkt am Iseosee. Für eine kurze Erfrischung kann man die Bar Belometti bei Maria empfehlen; Terrasse im Hinterhof direkt an der Hauptstraße.

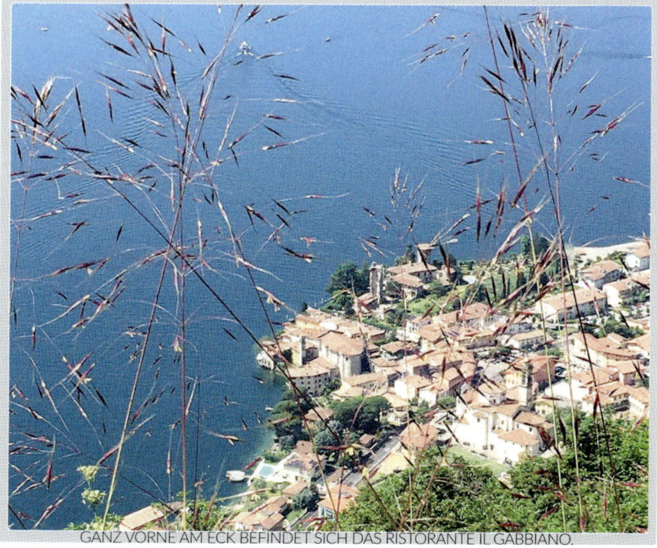

GANZ VORNE AM ECK BEFINDET SICH DAS RISTORANTE IL GABBIANO.

Unterkunftstipp | Das **Freddy Holiday House** liegt direkt am See und der Vermieter ist eine Wucht; er kümmert sich um alles, was seine Gäste angeht. Toller Gastgeber und empfehelenswerte Unterkunft in Predore.

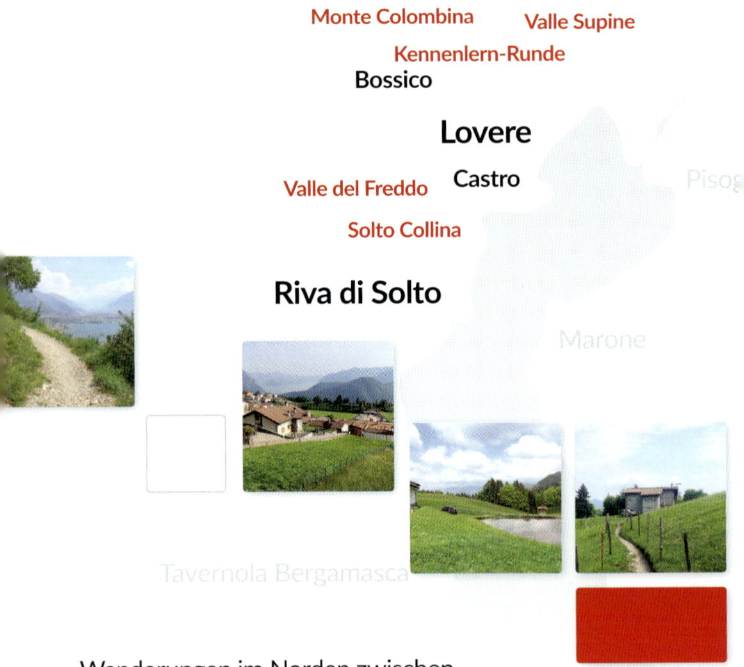

Wanderungen im Norden zwischen

Riva di Solto und **Lovere**

Ein paar Tage Urlaub in **Riva di Solto** sind auch wegen der Nähe zum Val Camonica, dem Lago d'Endine und dem Valle Freddo absolut empfehlenswert. Direkt hinter Riva folgt das Naturschauspiel Borgo (Orrido) di Zorzino, ein beeindruckendes Steilmassiv mit schöner Badebucht. Zahlreiche Motorboote gehen hier aufgrund der windgeschützten Lage und des klaren Wassers vor Anker. Am Ufer lädt eine kleine Badestelle zum Verweilen ein. **Lovere** ist der zentrale Ausgangspunkt für Ausflüge im Norden. Landschaftlich und naturkundlich höchst interessant ist der Ausflug ins südwestlich gelegene Val Cavallina, wo mehrere Bergseen und das berühmte - weil unterkühlte - Valle del Freddo mit gleichnamigen Naturpark liegen. Im Norden beginnt das Valcamonica; mit seinen bedeutenden Felsmalereien weltweit bekannt, bietet es eine beeindruckende Bergwelt und mit Darfo Boario Terme ein interessantes Ausflugsziel. In **Bossico** steht die Pfarrkirche Chiesa dei Santi Pietro e Paolo Apostoli, die am Übergang vom 15. zum 16. Jahrhundert erbaut wurde.

TOUR 16 Kennenlern-Runde von Bossico **

Diese 5 km lange Runde eignet sich besonders dafür, den Ort und die landschaftlichen Besonderheiten der Gegend kennenzulernen. Wir empfehlen in Bossico einen Aufenthalt von mindestens zwei Nächten.

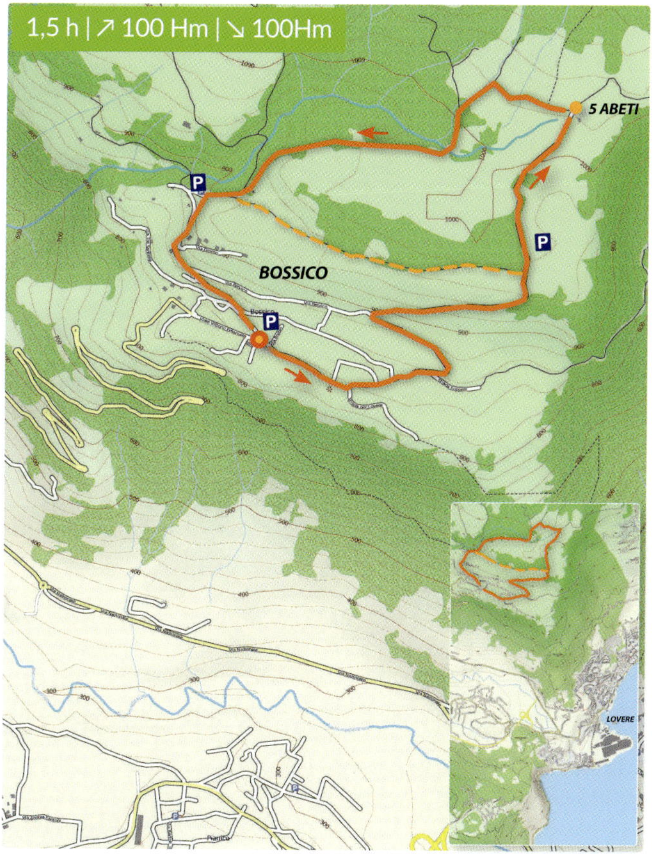

- **Ausgangsort**: Bossico
- **Zielort**: Rundweg
- **Einkehrmöglichkeiten**: Bars und Restaurants in Bossico
- **Reine Gehzeit**: 1 - 1,5 h
- **Streckenlänge**: 5 km

Tourbeschreibung | Die Tour beginnt am Platz in Bossico bei der Kirche: gehen Sie durch den alten Dorfkern zum höher gelegenen Ortsteil zur Via 7 Colli, der Sie bis zum gleichnamigen Ristorante in nördlicher Richtung folgen. Rund um das Gasthaus tauchen die ersten Villen auf, die Bossico so bemerkenswert machen. Sie wurden in der Mitte des 19. Jahr-

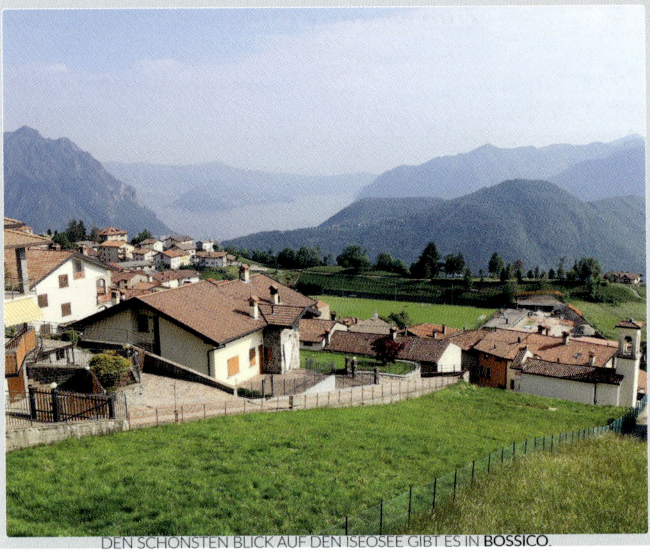

DEN SCHÖNSTEN BLICK AUF DEN ISEOSEE GIBT ES IN **BOSSICO**.

hunderts von Teilen der industriellen Mittelschicht erbaut, die der ‚alten' Hauptstadt Rom frönten, und ihren Villen deshalb römische Namen aus der Zeit gegeben haben; einige tragen die Namen der Hügel von Rom. Die Villen fallen durch ihr Dekor und ihren Anstrich aus dem Rahmen des Üblichen für diese Gegend. Beachten Sie die Infotafel, die einige hundert Meter weiter rechts an einem kleinen Waldstück steht. Folgen Sie weiter der Straße bergauf in das weite von vielen Wiesen durchzogene Villengebiet; links taucht die Villa Aventino auf. Nächster Halt ist in der Locazone Monte Lovere die **Azienda Agrituristica 5 Abeti** mit kleinem Versorgungsangebot; biegen Sie hier links ab. Zunächst noch in offenem Terrain, geht es bald in tiefen, dunklen Wald. Teils steil geht es bergab auf natürlichem Grund und auch Pflaster, nach kurzer Zeit taucht rechts eine natürliche Quelle auf. Nach 20 min. erreichen Sie den Wanderparkplatz. Kurz davor biegen Sie allerdings links ab und folgen einer Rechtskurve bergauf. Auf diesem Weg geht es 1 km voran, an einer T-Kreuzung befinden Sie sich wieder in der Nähe der Villen-Infotafel. Auf der Via Sette Colli geht es zurück, einer Stärkung im Restaurant mit Weitblick auf den See steht nichts im Wege.

5 km, 1 – 1,5 h, 100 hm

TOUR 17 Zum Monte Colombina ***

Die abwechslungsreiche Rundwanderung führt uns auf einen attraktiven Aussichtsberg oberhalb von Lovere. Ausgangspunkt für diese Halbtagestour ist der Wanderparkplatz am Waldrand bei Bossico.

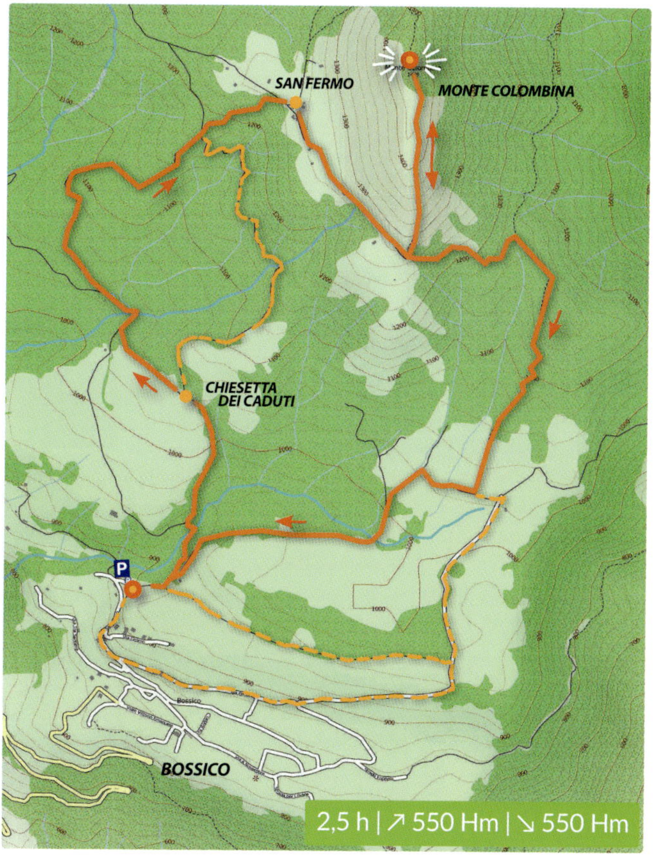

- **Ausgangsort**: Bossico
- **Zielort**: Monte Colombina
- **Einkehrmöglichkeiten**: 5 Abeti, Cafés in Bossico
- **Reine Gehzeit**: 2,5 h
- **Streckenlänge**: 9 km

Bossico steht für ein bestens ausgewiesenes Wandergebiet am nördlichen Iseosee. Es gibt einen gut ausgearbeiteten Streckenplan, den Sie hier als PDF downloaden können. Die Anfahrt ist unkompliziert von Lovere/Castro über die SP53 nach Sovere (Clusane), wo Sie nach dem Ort rechts der Beschilderung Bossico (SP54) folgen. Die Serpentinenstraße

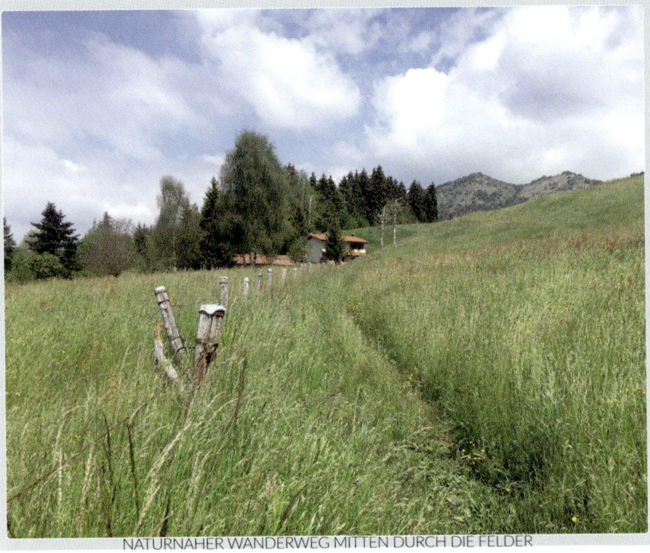

NATURNAHER WANDERWEG MITTEN DURCH DIE FELDER

bringt Sie bis zum Kirchplatz, wo Sie scharf links abbiegen. Dann immer der Hauptstraße durch den Ort folgen, bis Sie den Wanderparkplatz mit Wanderkarte erreichen.

Tourbeschreibung | Vom Hubschrauberlandeplatz aus sehen Sie nördlich eine kleine Kapelle rechts; folgen Sie dem Schotterweg ca. 50 m: bei der ersten Gabelung halten Sie sich links und bei der zweiten Gabelung ebenfalls links, zwei Holzwegweiser mit Colle S. Fermo und Chiesetta Caduti weisen ab hier die Richtung. Nach der ersten Steigung halten Sie sich an einer Gabelung rechts, das ist der schönere und abwechslungsreichere Weg, teils über Bergwiesen! Aber Achtung: die Rechtskurve nach ca. 300 m einfach ignorieren, sie führt nur zu einer Scheune. Weiter geht es geradeaus auf zwei Häuser zu; der Weg kann ungemäht sein und geht später in einen von Bäumen gesäumten und schmalen Wanderpfad über. Übrigens: der linke Wegabschnitt bei der Gabelung von zuvor ist eher für Biker geeignet. Aber keine Sorge, beide Wege treffen nach ca. 1 km wieder aufeinander. Die Strecke ist ausreichend ausgeschildert.

Nach weiteren 20 min. erscheint die Chiesetta Caduti mit Weiher und netten Sitzgelegenheiten am Hang sowie zahlreichen wettergeschützten Picknick-Tischen. Weiter geht es auf dem rechten der beiden Wege am Waldrand. Auf hartem Untergrund läuft man nun deutlich steiler durch offenen Bergwald nach oben. In den Monaten Mai und Juni blühen hier die Wildkräuter um die Wette, auch Orchideen sind keine Seltenheit: Schwertblättriges Waldvöglein und geflecktes

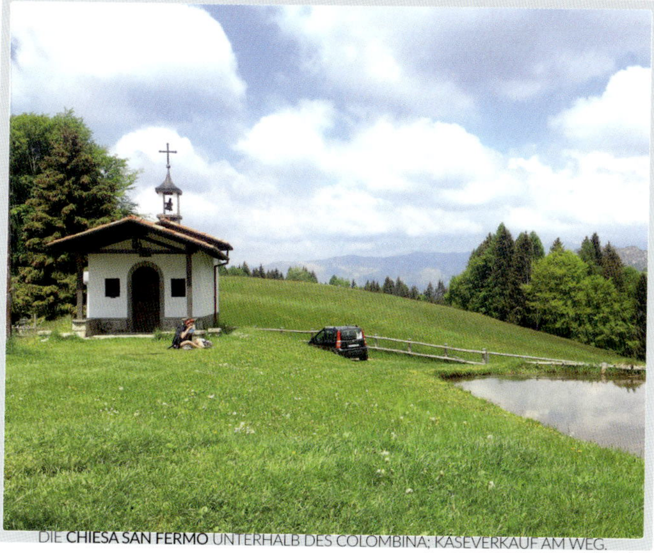

DIE **CHIESA SAN FERMO** UNTERHALB DES COLOMBINA; KÄSEVERKAUF AM WEG.

Knabenkraut. Nach gut 30 min. haben Sie den Colle San Fermo erreicht; auch hier fallen die überdachten Picknick-Plätze auf, kurz davor steht sogar ein Grill für die Allgemeinheit. Wenige Häuser säumen auch hier einen Weiher, auf einer kleinen Anhöhe steht eine hübsche Kapelle. Gegenüber befindet sich das Agriturismo La Selva, wo man in der Hauptsaison Käse kaufen kann. Hoch oben thront der Monte Colombina, den man nach ca. 400m. auf seiner Südflanke besteigen kann; dazu erst dem Weg am Agriturismo La Selva rechts vorbei und nach 10 min. dem sichtbaren, schmalen Bergpfad auf den Gipfel folgen: der Ausblick ist sensationell.

Wieder zurück am Fuß des Gipfels, geht es auf einem Bergpfad weiter hinab bis zur Forcinella, wo man rechts auf den Hauptweg in Richtung Bossico abzweigt; ein schönes Wegstück! Nach 20 min. erreichen Sie wieder Siedlungsgebiet und biegen an einer T-Kreuzung links zur Azienda 5 Abeti (5 Tannen) ab. Weiter geht es rechts weiter nach Bossico marschiert. Die Azienda bietet zu Nicht-Corona-Zeiten Käse und Erfrischungen an. Folgen Sie der Straße nach Süden, und das ‚Villengebiet' Bossicos erscheint; auf einer Infotafel können Sie der Geschichte der ‚7 colli und ville' auf den Grund gehen. Nach der Tafel geht es scharf rechts vor einer wunderschönen Bergwiese samt Blick auf den Iseosee wieder im Wald zurück zum Parkplatz. (QR-Code mit weiteren Informationen).

9 km, 2 - 3 h, 550 hm

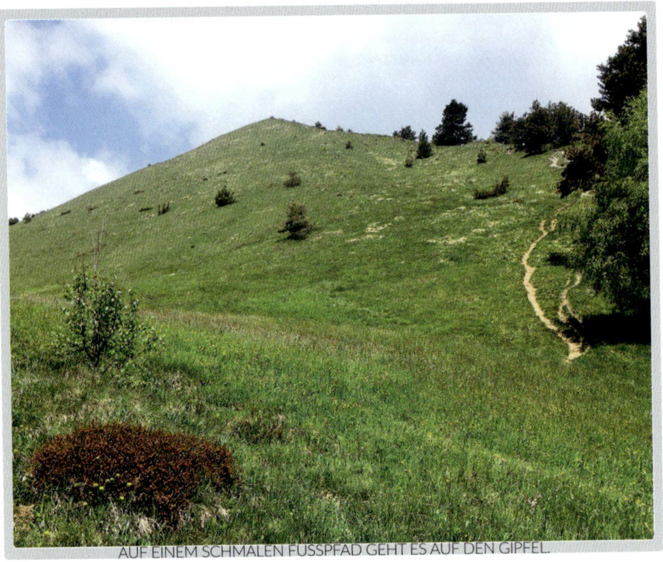

AUF EINEM SCHMALEN FUSSPFAD GEHT ES AUF DEN GIPFEL.

Restauranttipp und Unterkunft | Zum Ausklang bietet sich ein Besuch in der **Locanda Pizzeria Domina** in der Via Bonomelli 45, nicht weit vom Wanderparkplatz an; andere empfehlen einen Besuch des **Ristorante 7 Colli** in der gleichnamigen Straße mit Panorama, allerdings am anderen Ortsende. Tolle Ravioli bekommt man im **Colombina** (passt irgendwie zur Tour) im Ortskern, unscheinbar zwar, aber schmackhafte Küche; man sitzt schön in einem kleinen Atrium.

Für eine spontane Übernachtung bietet sich das **Home Iseo Lake** in der Via Gromo an, gerade mal 200 m vom Wanderparkplatz entfernt; über booking.com buchbar. (QR-Code für weitere Informationen)

TOUR 18 Von Bossico ins Valle di Supine **

Sehr abwechslungsreiche Wandertour, die von Bossico über die Strada panoramica nach Ceratello führt, und dann zur kalten Quelle namens ‚Fonte fredda' im Valle di Supine weitergeht. Zurück geht es auf einem schönen Höhenwanderpfad über den Monte Lovere.

3-4 h | ↗ 250 Hm | ↘ 250 Hm

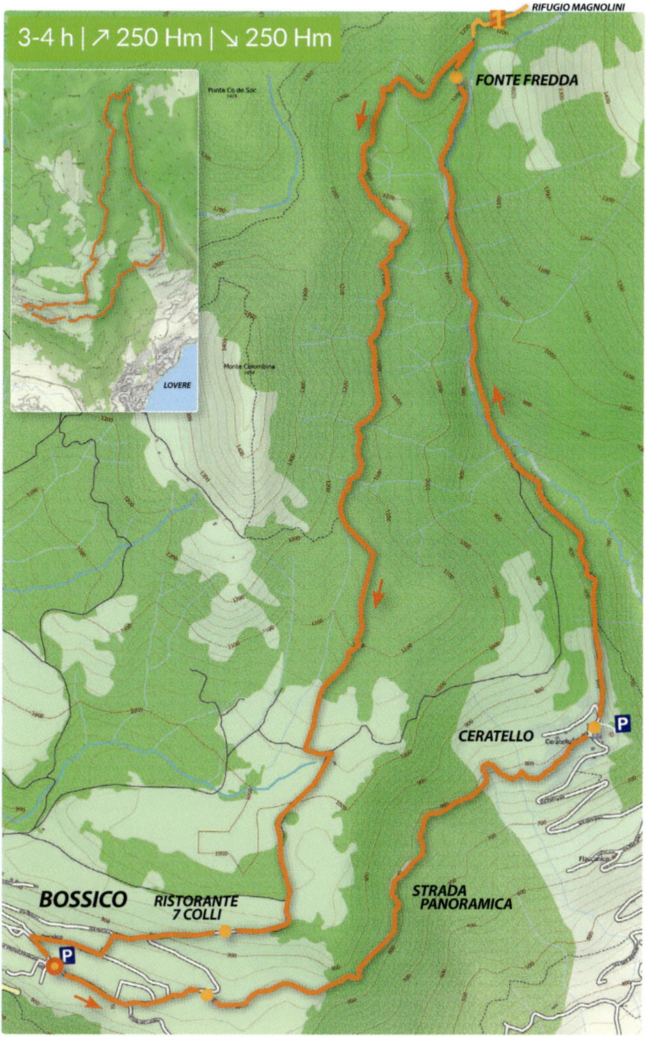

- **Ausgangsort**: Bossico
- **Zielort**: Fonte Fredda im Valle di Supine
- **Einkehrmöglichkeiten**: 5 Abeti, Lokale in Bossico
- **Reine Gehzeit**: 3 h
- **Streckenlänge**: 9 km

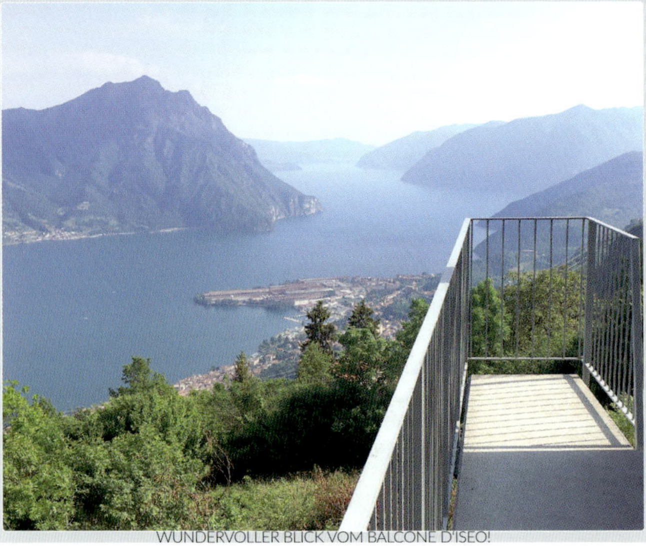
WUNDERVOLLER BLICK VOM BALCONE D'ISEO!

Die Strada Panoramica verbindet seit einigen Jahren die beiden **Bergdörfer Bossico und Ceratello** mit einer Art Straße, die allerdings für Kraftfahrzeuge geschlossen ist. Seither erfreut sie sich größter Beliebtheit bei Wanderern und Fahrradfahrern. Leider ist auch diese Strecke stark ausgelaugt, an vielen, unbefestigten Abschnitten überwiegen Schlaglöcher und große Steine; für Radler nervig sind die Vertiefungen vor den Regenrinnen, die das Fortkommen sehr unkomfortabel gestalten. Einige Radler benutzen lieber das Bankett, was ja eigentlich so nicht gedacht war. Es macht den Anschein, als sei der Weg die erste Zeit sehr wohl für Autos freigegeben worden.

Tourbeschreibung | Am Dorfplatz in Bossico geht es los; wir gehen links an der Kirche vorbei in Richtung Friedhof, den wir rechts liegen lassen und erreichen bald die Abzweigung nach rechts bei einer Marienkapelle. Das Bauschild steht noch und auch die Straße wirkt noch sehr unfertig! Wir lassen uns nicht irritieren und folgen der Straße halbrechts. Nach 150 m geht die Baustelle in die Strada panoramica über. Im ständigen Auf und Ab erreichen wir nach knapp 30 Minuten das Dorf Ceratello; unterwegs gibt es viele Weitblicke auf den Iseosee im Süden und das Val Camonica im Norden. Zwei Raststellen laden unterwegs zu einer kleinen Pause ein. Schön gelungen ist der **Aussichtsbalkon kurz vor Ceratello**. Im Dorf angekommen, fallen zwei Kirchen auf, die man aber unbesehen liegen lässt; wir folgen einfach der Hauptstraße, bis wir an eine T-Kreuzung gelangen. Links oder rechts? Beides ist möglich! Der obere der beiden Wege verläuft eher auf natürlichem

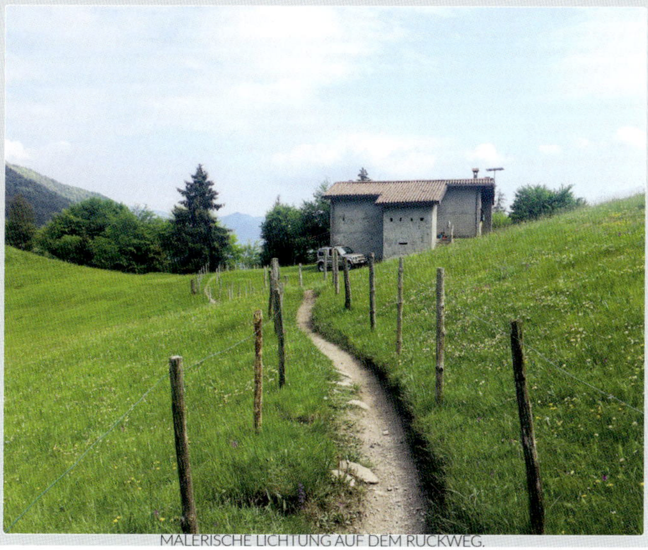

MALERISCHE LICHTUNG AUF DEM RÜCKWEG.

Untergrund, der untere ist die offizielle Straße zum Chalet Biker Hotel Al CIAR, wo sich ein großer Wanderparkplatz befindet. Von der Strecke her, geben sich beide wenig, der obere Weg ist auch etwas hügeliger. Wir entscheiden uns für die untere Variante und halten uns also rechts, müssen aber nach wenigen Metern ebenfalls hart links einschlagen. Nach 1,2 km erreichen wir das Hotel, ab hier geht es deutlich steiler weiter nach oben. Bald erscheint ein Picknick-Platz, an dem rechts ein alternativer Aufstieg beginnt. Wir bleiben auf der Hauptroute (559) und durchqueren mehrmals ein kleines Bächlein, und nach weiteren 1,5 anstrengenden Kilometer ist die Fonte Fredda erreicht. Kurze Pause, Trinkflasche auffüllen und weiter geht es auf den Rückweg, da viel Platz zum Ausruhen Fehlanzeige ist. Kurz vorher donnern noch zwei Motocross-Maschinen an uns vorbei! Hoffentlich ist der Weg gut begehbar. Und tatsächlich, so schön der Weg ab hier ist, so ausgefahren ist er auch an vielen Stellen.

Trotzdem folgt jetzt einer der schönsten, abwechslungsreichsten Bergpfade am Iseosee, tolle Naturbilder machen sich vor einem auf und die Blicke in die Umgebung sind sehr angenehm. Außerdem blühen auch hier viele interessante Berglumen, Orchideen und v.a. Enzian, was natürlich hauptsächlich für die Monate Mai und Juni gilt. Entlang des Hangs geht es durch den Wald, mal mit mehr und weniger lichten Abschnitten. Nach knapp 1 km geht es auf eine Bergalm mit Hütte zu; so stellt man sich das Paradies vor. Nach einem weiteren Kilometer treffen wir auf die Forcellino di Bossico (der kleine Auerhahn von Bossico). Es geht nun auf dem schmalen

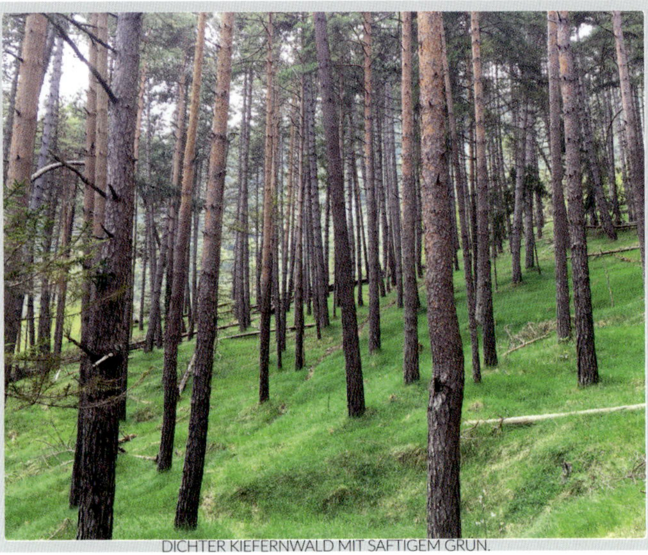

DICHTER KIEFERNWALD MIT SAFTIGEM GRÜN.

Bergpfad weiter oder links auf einem etwas größeren Wanderweg; beide treffen bald wieder aufeinander. Der vereinte Weg trifft nach weiteren 400 Metern auf eine T-Kreuzung, an der Sie rechts weitergehen. Folgen Sie einfach dem Hauptweg, und nach 20 min. erreichen Sie den Parkplatz beim Hubschrauberlandeplatz. Links den Berg hinab und durch das obere Dorf geht es zurück zum Dorfplatz in Bossico.

15 km, 3 - 4 h, 250 hm

Tourvarianten | Die Tour kann noch bis zum Rifugio Magnolini, zum Rifugio Pian de la Palù mit Übernachtungsmöglichkeit oder zum Monte Alto (1 721 m) erweitert werden. Die Gegend um die beiden Gasthäuser ist baumfrei mit Weitblick in die Umgebung. Zurück geht es dann auf einer Alternativroute (558) über die Capella della Madonna delli Nevi etwas östlich von unserem Weg. Wer die Tour verkürzen möchte, steigt beim Chalet Ai Ciar links über den oberen Weg und dann über den Weiler Stramazzano zur Azienda Agrituristica Cinque Abeti auf.

TOUR 19 Museo all'Aperto Solto Collino **

Die Akademie Carrara in Bergamo und die Gemeinde Solto Collina haben mit den ‚Wegen der Kunst' ein interessantes Open-Air-Museum geschaffen. Übergroße Tafeln verschiedenster Künstler mit Regionalbezug werden entlang eines großen Spaziergangs präsentiert.

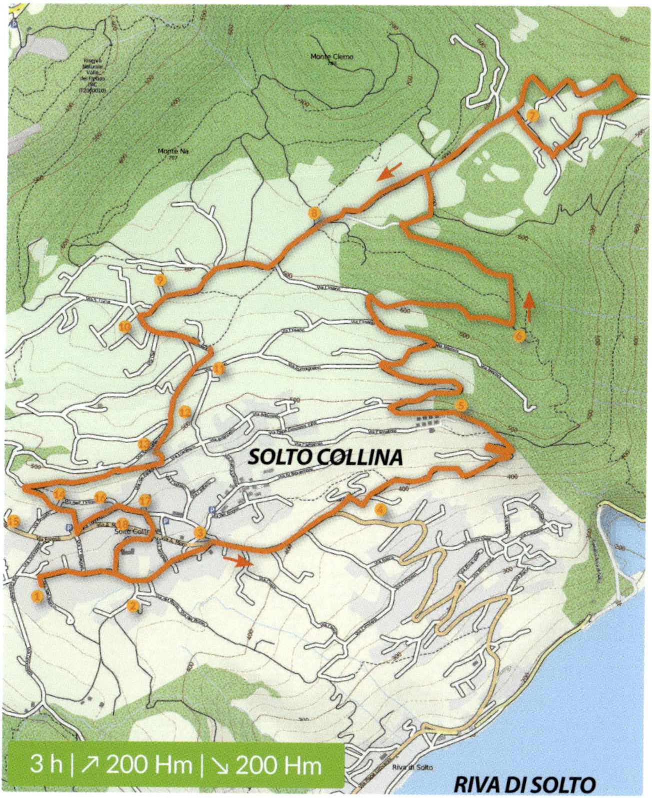

- **Ausgangsort**: Solto Collina und Ortsteile
- **Zielort**: Rundweg
- **Einkehrmöglichkeiten**: zahlreiche Lokale
- **Reine Gehzeit**: 3 h
- **Streckenlänge**: 10 km

Tourbeschreibung | Perfekte Möglichkeit den Ort, die Geschichte und die Kunst der Umgebung kennenzulernen. Die Runde verläuft größtenteils schattenfrei, nutzen Sie lieber die Abendstunden, um die Objekte im schönsten Licht betrachten zu können. (PDF per QR-Code laden.)

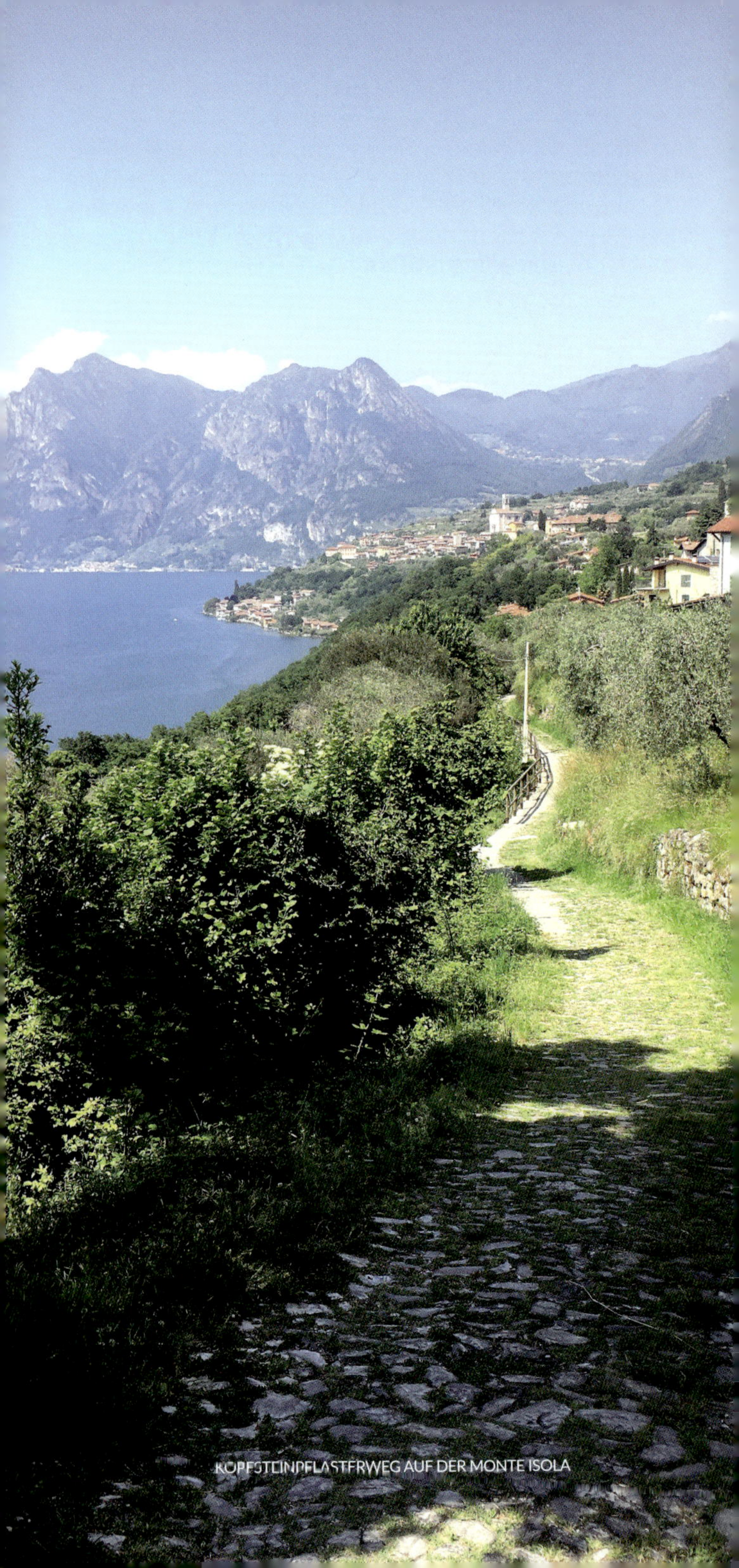

KOPFSTEINPFLASTERWEG AUF DER MONTE ISOLA

TOUR 20 Das Valle del Freddo ***

Das berühmte Valle del Freddo, das Kühlschranktal auf 400 mHöhe, ist Ziel dieser Wanderung. Das dort vorherrschende Klima entspricht einem, das man gewöhnlich erst ab 1 000 m antrifft. Es wachsen Edelweiß und Enzian, und das allein ist schon einen Besuch wert.

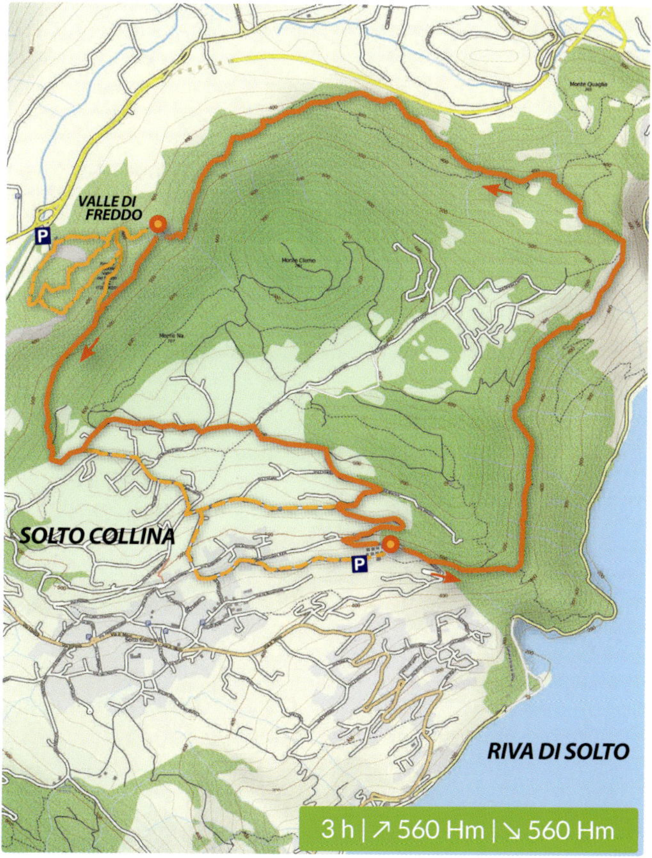

- **Ausgangsort**: Solto Collina
- **Zielort**: Rundweg
- **Einkehrmöglichkeiten**: nur in Solto Collina
- **Reine Gehzeit**: 3 h
- **Streckenlänge**: 10 km

Das 70 ha große Naturschutzgebiet ist allerdings nur von Mai bis Juli betretbar, und dann auch nur am Wochenende und auch nur bestimmte Zonen und mit Führung. Für mehr Informationen muss man sich an die Parkverwaltung wenden. Kontakt: Comunità Montana dei Laghi Bergamaschi Via del

Cantiere 4, 24065 Lovere,+39 035/4349811-12, info@cm-laghi.bg.it, Dottore Simone Scaburri). Die von uns beschriebene Wanderung streift das Valle am oberen Ende, es gelten aber die gleichen Einschränkungen (zeitlich). Der weitaus größere Teil dieser Tour widmet sich dem Monte Clemo, einem bewaldeten Berg, der sich oberhalb des Steilufers zwischen Castro und Riva di Solto befindet. Die Runde führt um den Berg herum, den Gipfel lassen wir aus. Mit Proviant kann man sich in einem kleinen Alimentari-Markt im alten Dorfkern bei der Farmacia eindecken.

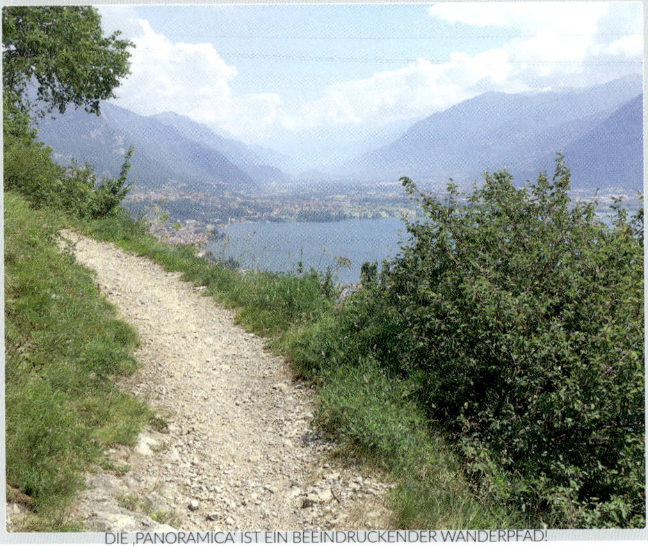

DIE ‚PANORAMICA' IST EIN BEEINDRUCKENDER WANDERPFAD!

Tourbeschreibung | Gegen den Uhrzeigersinn starten wir in Solto Collina unterhalb der Pfarrkirche Oratorio del Crocefisso. Zu Fuß geht es in den östlichen Ortsteil zum Beginn der Tour in der Via Apostoli 31-21; bis dahin finden sich immer wieder Parkplätze, die ebenfalls genutzt werden können, halten Sie die Augen offen. Die Kirche ist deshalb ein guter Startpunkt, da sie in alle Richtungen gut sichtbar ist. Zurück zum Ausgangspunkt am Waldrand: der Weg führt zunächst durch dichten Wald bergab. Später geht es in geringem Auf und Ab entlang des Uferverlaufs in ca. 500 m Höhe weiter. Immer wieder gibt es Pausenangebote in Form von Picknick-Tischen in attraktiver Lage. Der Weg verläuft als Wanderpfad Nr. 565 eindeutig! Nach ca. 2 km befinden wir uns wieder in offenerem Gelände direkt oberhalb der Steilfelsen von Castro, die Fabrik unterhalb ist der moderne Stahlhersteller Lucchini. Der Weg führt jetzt in westlicher Richtung links in Richtung des Valle del Freddo. Ein wunderschön gelegener Picknick-Platz (übrigens der letzte!) mit tollem Ausblick erscheint zuvor

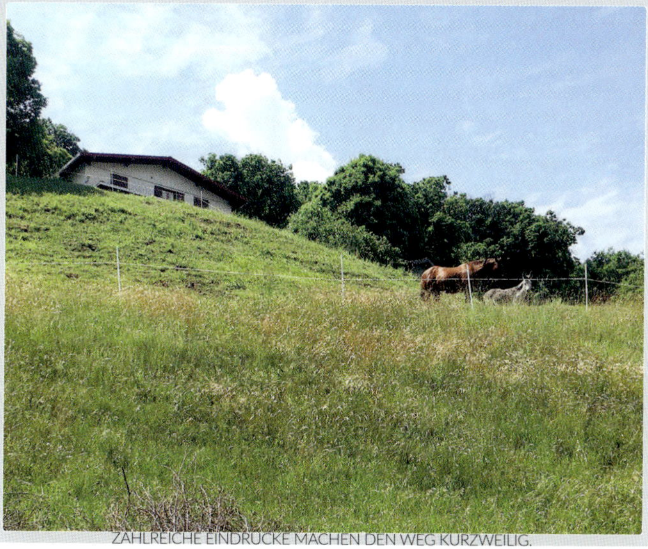

ZAHLREICHE EINDRÜCKE MACHEN DEN WEG KURZWEILIG.

rechts. Wählen Sie den Pflasterweg nach unten, der Fußpfad endet an einem Verbotsschild. Der nächste Kilometer ist etwas verworren, ständig ändert sich die Richtung, der Landbesitz lässt hier keinen direkteren Weg zu. Leider muss man weit absteigen, und verliert so einige Höhenmeter. Zwischen Pferdegehege und Wohnhaus geht es bald links gut eingezäunt bergauf. Lang geht es jetzt an einem Zaun entlang, bis die Grenze des Naturparks **Valle di Freddo** erreicht ist. Ab hier geht es geröllig im Zickzack nach unten, um bald nach ca. 200 m wieder links oberhalb des Kältetals aufzusteigen;

EINGANG ZUM VALLE DI FREDDO; ES GELTEN STRENGE AUFLAGEN!

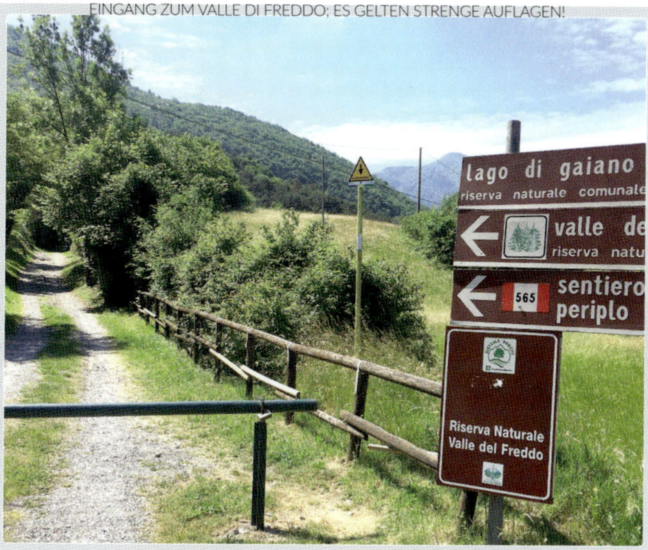

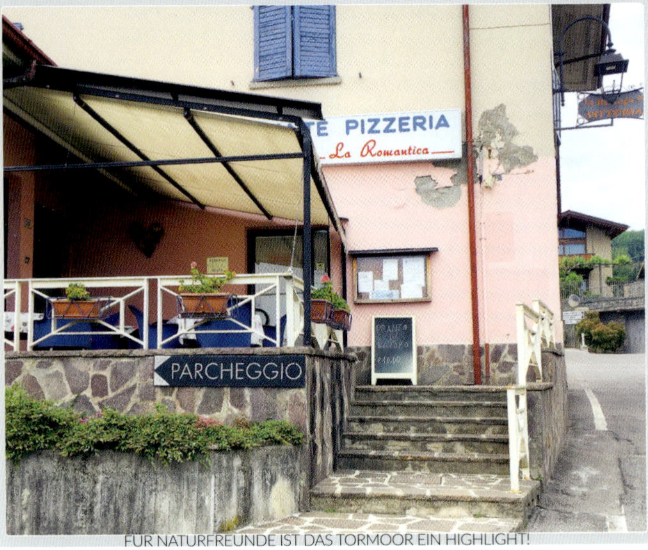

FÜR NATURFREUNDE IST DAS TORMOOR EIN HIGHLIGHT!

der Zugang ist in Eigenregie nicht zulässig. Der Höhenweg steigt stetig an und lässt an der ein oder anderen Stelle einen Blick auf das Zentrum des Valle di Freddo zu. Nach 20 min. ist der Weg geschafft und wir erreichen die Außenbereiche von Esmate. Dem Hauptweg folgend, erscheint bald die Kirche von Solo Collina, und der Ausgangspunkt ist wieder erreicht.

10 km, 3 h, 560 hm

Tourausklang | Das **Ristorante Pizzeria La Romantica** hat eine kleine Terrasse und günstigen Mittagstisch. Zum Ausklang oder mittags zur Stärkung. Das **Ristorante Pizzeria Bellavista** bietet vorzüglichen Mittagstisch. Für EUR 12 erhält man mehrere Gänge inkl. Acqua minerale und Caffè.

Unterkunftsempfehlung | Das **Hotel Ristorante Miranda** in Zorzino. Sehr beliebtes Hotel mit schönen Zimmern, einer atemberaubender Aussicht und einem vorzüglichen Restaurant. Via Cornello, 8. Riva di Solto. +39 035 986021. www.hotelristorantemiranda.com.

TOUR 21 Panchina Gigante in Fonteno ***

Am Anfang etwas anstrengende Tour, die Sie am besten am Parkplatz 3 (Schild beachten) am südlichen Ortsende beginnen. Diese Tour führt vom See aus zum hübschen Bergdorf Fonteno und anschließend zur Riesenbank 'Panchina Gigante'.

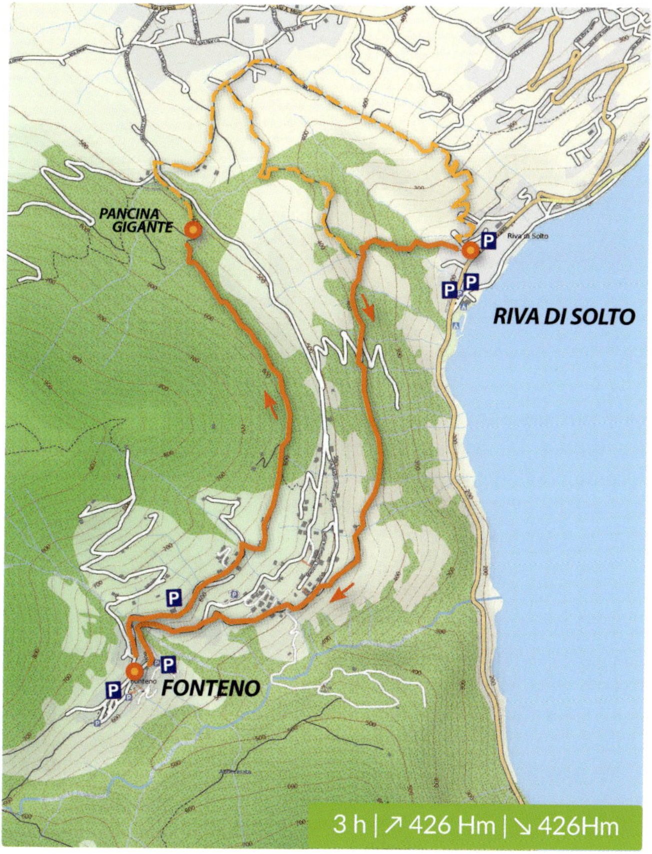

- **Ausgangsort**: Riva di Solto
- **Zielort**: Panchina Gigante, Fonteno, (Rundweg)
- **Einkehrmöglichkeiten**: Bar Centrale in Fonteno
- **Reine Gehzeit**: 3 h
- **Streckenlänge**: 8 km

Tourbeschreibung | Der Wanderweg beginnt in Riva di Solto direkt neben dem Flüsschen San Rocco. Mehrere Wanderzeichen geben Orientierung: CAI 567, CM1 oder Fonteno, da können Sie nichts falsch machen. Nach nur 80 m, auf Höhe des Parkplatzendes, zweigt man links in einen schmalen Pfad

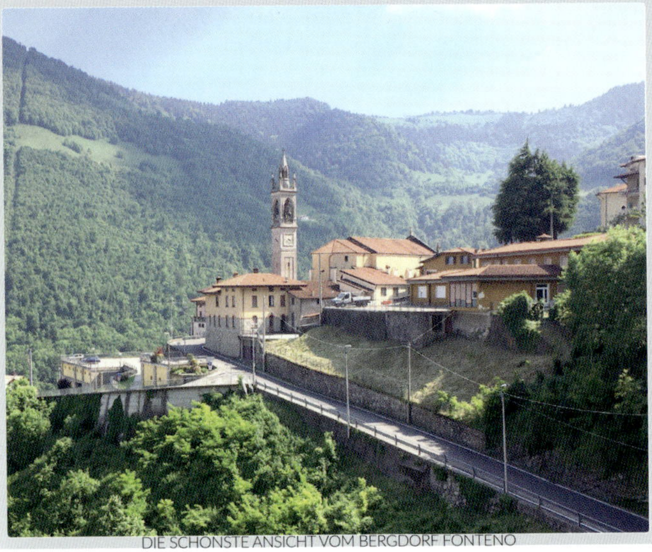
DIE SCHÖNSTE ANSICHT VOM BERGDORF FONTENO

ab, der schnell und steil bergauf zum Weiler Zangolo führt, wo man an einer Kreuzung (beim Votivschrein) links abbiegt und auf dem Weg 567 weitergeht. Nachdem Sie auf einer Asphaltstraße angekommen sind, steigen Sie 20 Meter zu einem Weg ab, der nach Xino führt; man beachte die vorzeigbaren Villen! Von hier aus geradeaus an den alten Wassertanks vorbei und über die steile Straße in die Hauptstraße abbiegen.

Noch 500 Meter auf der Straße zum Hauptplatz von Fonteno. Zur Panchina Gigante queren Sie den Marktplatz und schlagen an dessen Ende in Richtung Rathaus (municipio) scharf rechts (der Via Papa Giovanni XXIII bergauf) ein. Zunächst geht es auf einer asphaltierten Straße ca. 300 m leicht bergauf, immer wieder gibt es Ausblicke auf den See zu bewundern. Die Straße geht bald links steil aufwärts, Sie folgen aber dem schmalen Pfad rechts, ein Schild weist darauf hin, dass die Benutzung mit Fahrrädern verboten ist.

Ab hier sind es ca. 15 min., bis eine Holztreppe die Wanderer nach unten zur Bank führt; der Weg verläuft teils durch Wald, teils durch offenes Gelände. Genießen Sie den Ausblick auf den nördlichen Iseosee - ein kleiner Picknick-Bereich lädt zum Verweilen ein. Nach einer ausgiebigen Fotosession wenden wir uns wieder nach Norden und folgen dem Weg ca. 300 m weiter, bis er auf die Verbindungsstraße von Solto Collina nach Fonteno trifft. Nach 50 m. entlang der Straße, biegt der Wanderweg nach rechts hinunter nach Riva di Solto in die Via Sales ab. Kurz nachdem die ersten Dorfhäuser aufgetaucht sind, biegen Sie rechts (beim rosa Haus) in die Via Madonna del Prato ab. Ab nun immer dem Wanderpfad folgen, bis dieser auf die Ausgangsstrecke zurückführt.

8 km, 3 h, 426 hm

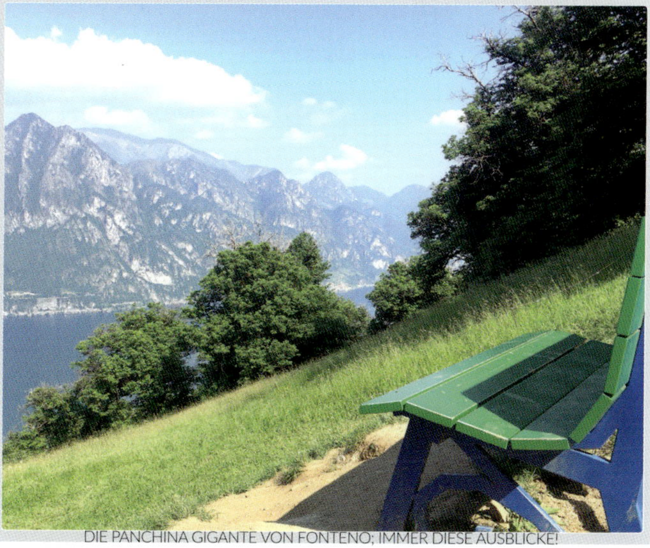

DIE PANCHINA GIGANTE VON FONTENO; IMMER DIESE AUSBLICKE!

Tourausklang | Nach halber Strecke kann man sich in Fonteno im Alimentari-Market mit kalten Getränken belohnen, das schwerste Stück ist nämlich schon geschafft. Genau gegenüber ist die **Bar Centrale** mit netter Terrasse. Zurück in Riva di Solto hat man die Qual der Wahl. Seit Christos Floating Piers ist hier ein Restaurant nach dem anderen entstanden.

TOUR 22 Sentiero del Bogn di Zorzino *

Verwegene Runde auf, über und um die Steilfelsen zwischen Riva di Solto und Castro.

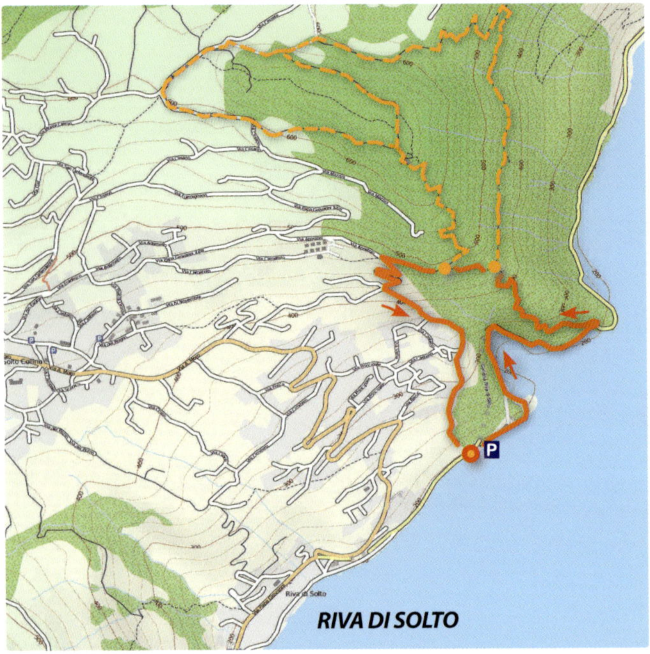

Tourbeschreibung | Bogn ist eine alte Bezeichnung für Bad bzw. Becken. Zorzino steht für eine Burg, die im Stadtteil Zorzino vor ca. 20 Jahren wieder aufgebaut wurde und seitdem als Unterkunftsbetrieb arbeitet. Es stehen sechs Apartments zur Verfügung (www.castel-zorzino.com).

Die Tour wurde auf Initiative des Burgherren erst vor Kurzem wieder begehbar gemacht und ist mit gut 4 km eher ein Spaziergang; allerdings gibt es steile, felsige Auf- und Abstiege, so dass die Strecke doch einiges zu bieten hat. Zudem bietet die Tour zahlreiche Erweiterungen.

TOUR 23 Der Percorso dei Colli - Vigolo ***

Was macht ein kleines Dorf, das nicht gerade vom Hauptstrom des Tourismus einer Region profitiert? Richtig! Angebote schaffen. Und das hat die Gemeinde Vigolo ganz vorzüglich gemacht.

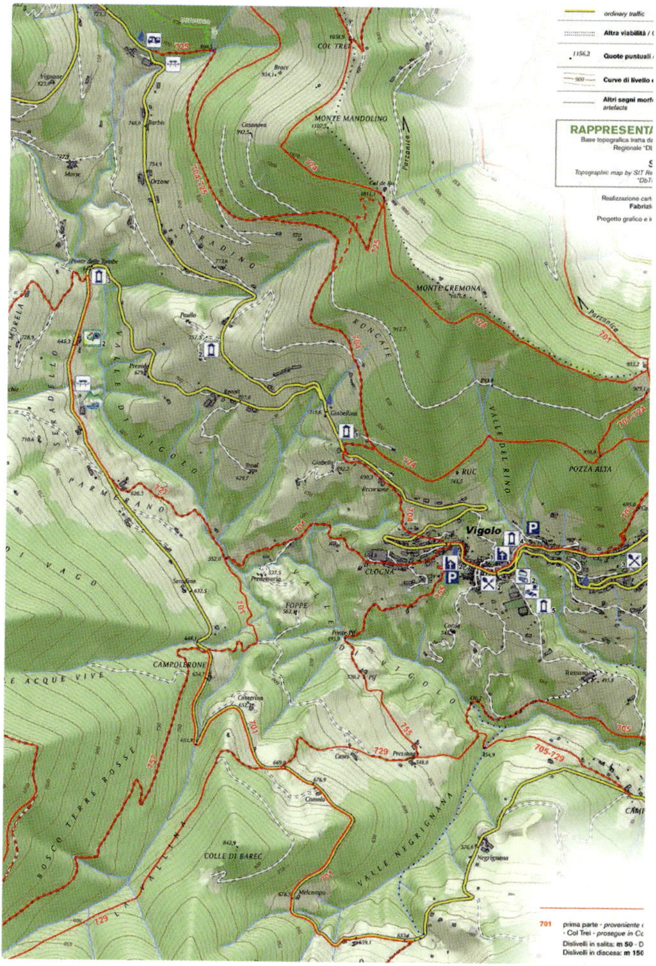

Gerade für Urlauber gibt es ein bestens ausgestattetes **Wandergebiet** zwischen 900 und 1300 m, eine super gemachte Wanderkarte und ausreichend Parkplätze. Wir empfehlen hier die große Runde um den Talkessel; mehrere Gipfel (colli) können gegen den Uhrzeigersinn erreicht werden. (PDF mit Karte per QR-Code laden)

Das Big Bench Community Project ***

Das nach den Ideen des amerikanischen Produktdesigners Christopher Bangle ins Leben gerufene Projekt beschert dem Iseosee mal so eben vier interessante Wanderungen. Ziel der jeweiligen Strecken ist eine überdimensionierte Parkbank – Big Bench – genannt. Chris Bangle, u.a. Chefdesigner bei BMW von 1992 bis 2009, hat für seine Ideen die italienische Provinz Piemont ausgewählt, und hier stehen inzwischen 123 große Bänke. Eine beeindruckende Zahl! Vier davon am Lago d'Iseo und eine Art ‚Roter Faden', um die Bergwelt rund um den See kennenzulernen.

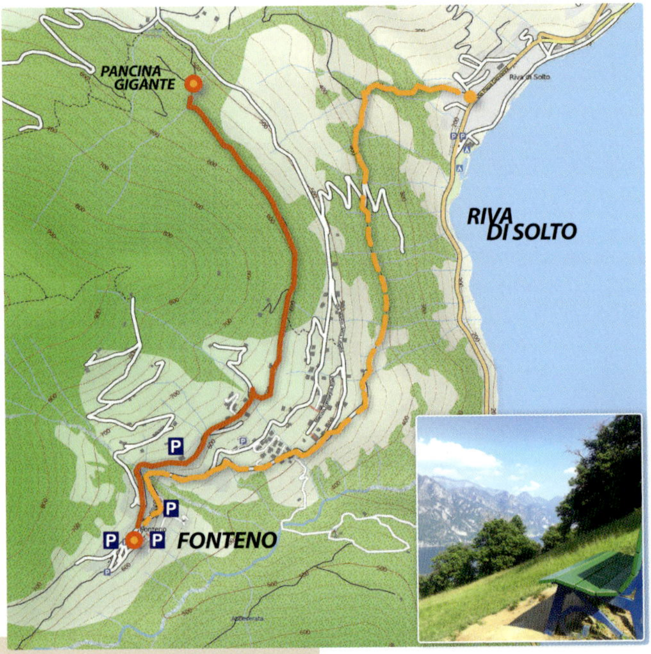

Panchina Gigante di Fonteno (und Riva di Solto)

Schöne Panorama-Wanderung an der Westseite bei Riva di Solto. Zwei Streckenvarianten erlauben die Wahl zwischen einer kürzeren, leichteren und einer etwas schwereren Tour, je nachdem , ob man Riva di Solto oder das Bergdorf Fonteno als Ausgangspunkt wählt. Für ein Gipfelerlebnis bietet sich der Aufstieg zum Monte Boario an.

Anfahrt | Riva di Solto liegt an der Westseite des nördlichen Iseosees. Gut mit dem Auto zu erreichen (ausreichend Parkplätze sind vorhanden), bietet sich auch die Anreise mit dem Linienschiff an (nur Tourvariante 1.2.). Aber Vorsicht: das

Schiff fährt nicht so häufig, weshalb eine gute Planung unumgänglich ist. Bestes Lokal in Riva di Solto ist die Trattoria al Lago vorne am See, direkt daneben eine recht gute Gelateria. In Fonteno gibt es außer der klassischen Bar Centrale noch einen kleinen Lebensmittelladen. Restauranttipp: Al Guelfo Ristorante/Vineria in Solto Collina mit schöner Aussicht auf den See. Infos unter www.ristorantealguelfo.it.

Startpunkt Fonteno (0,5 h)
Zunächst fahren Sie über die Strada provinziale (SP77) von Riva di Solto (Nord) hinauf nach Solto Collina. 200 m nach dem großen Kreisel in der Ortsmitte folgen Sie vor der Tankstelle links der Beschilderung nach Fonteno (4 km). In Fonteno befinden sich mehrere Parkplätze, eine vor dem Marktplatz links abwärts, einer nach dem Marktplatz rechts aufwärts. Am Donnerstag findet auf der Piazza vor der Pfarrkirche der Wochenmarkt statt, frisches Obst und Gemüse, Käse aus der Region und andere Spezialitäten und Waren werden angeboten. START Für die Wanderung queren Sie den Marktplatz südwärts und schlagen an dessen Ende in Richtung Rathaus (municipio) scharf rechts der Via Papa Giovanni XXIII bergauf ein. Jetzt geht es auf einer asphaltierten Straße ca. 300 m leicht bergauf, immer wieder gibt es Ausblicke auf den See zu bewundern. Die Straße geht bald links steil bergauf, Sie folgen aber dem schmalen Pfad rechts, ein Schild weist daraufhin, dass die Benutzung mit Fahrrädern verboten ist. Ab hier sind es ca. 15 min. bis eine Holztreppe die Wanderer nach unten zur Bank führt; der Weg führt teils durch Wald, teils durch offenes Gelände. Genießen Sie den Ausblick auf den nördlichen Iseosee, ein kleiner Picknick-Bereich lädt zum Verweilen ein.

Sollten Sie im Besitz eines Big-Bench-Passports ein, stempeln Sie entsprechend ab. Der Passport ist ein kleines Sammelalbum für alle Big Benches im Piemont, er ist hier erhältlich: Hotel Ristorante Panoramico, Comune Riva die Solto, Comune Fonteno, Bar Caffè del Porto, Alimentari-Giornali (Fonteno).

Startpunkt Riva die Solto (1,5 – 2 h)
Etwas anspruchsvollere Tour, die Sie am besten am Parkplatz 3 beginnen; dieser Parkplatz befindet sich kurz nach dem Ortseingang (von Süden kommend) an der oberen Ortsdurchgangsstraße. Den ersten großen Parkplatz lassen Sie passieren, nach nur 100 m folgt der Parkplatz P3; dort beginnt der Wanderweg direkt neben dem Flüsschen San Rocco. Mehrere Wanderzeichen geben Orientierung: CAI 567, CM1 oder Fonteno, da können Sie nichts falsch machen. Nach nur 80 m, auf Höhe des Parkplatzendes, zweigt man links in einen schmalen Pfad ab, der schnell bergauf zum Weiler Zangolo

führt. Immer die Beschilderung 567 im Blick, queren Sie im weiteren Verlauf eine Serpentinen-Betonpiste und erreichen parallel zum Hang nach ca. 10 min. den Ort Xino, einen Ortsteil von Fonteno. Folgen Sie - vorbei an Wohnhäusern, landwirtschaftlichen Anwesen und Bachüberquerungen - der Asphaltstraße nun ca. 1 km. Leider führen die letzten 500 m entlang der Hauptstraße bis Fonteno (Marktplatz). Ab hier folgen Sie der Beschreibung der Tour 1.1.

Erweiterung der Tour zum Monte Boario (1 231 m.)
Wenn man schon einmal in Fonteno ist, insbesondere, wenn man mit dem Auto/Fahrrad aufgefahren ist, für den bietet sich der Aufstieg zum Aussichtsberg Fonteno, dem Monte Boario, an. Die Strecke mit ca. 600 Höhenmetern ist nicht ohne, aber für einen durchschnittlich trainierten Wanderer gut zu machen. START Wählen Sie bei dieser Tour (analog zur Tour 1.1.) kurz nach Verlassen des Marktplatzes in Fonteno den Abzweig links (bei der Post) in die Via Tasso Torquato, der Sie steil bergauf und in mehreren Serpentinen bis fast zum Ende folgen. Hier endet der asphaltierte Teil der Strecke und es geht teils auf Lichtungen, teils im Wald in 30 min. hinauf auf den Gipfel. Unterwegs treffen Sie immer wieder auf das Wanderzeichen 568 (A), dem Sie stets folgen. Auch die Ausblicke auf den Iseosee und beispielsweise die Corna Trentapassi, einem der beeindruckendsten Berge am See gegenüber, sind stark. Der Rückweg erfolgt auf gleicher Strecke oder ca. 10 min. weiter in Richtung Monte Sicolo über einen bequemen Serpentinenweg im Zickzack zurück nach Fonteno.

Panchina Gigante di Pilzone

Kurze, aber anstrengende Tour von Pilzone zur Riesenbank in Grün. Nebenbei kann die Kapelle San Fermo besichtigt werden, und wer will, erweitert die Tour um einen mehrstündigen Rundweg in den Bergen oberhalb von Pilzone. Teilweise steil und steinig; für alles, was Räder hat, also ungeeignet!

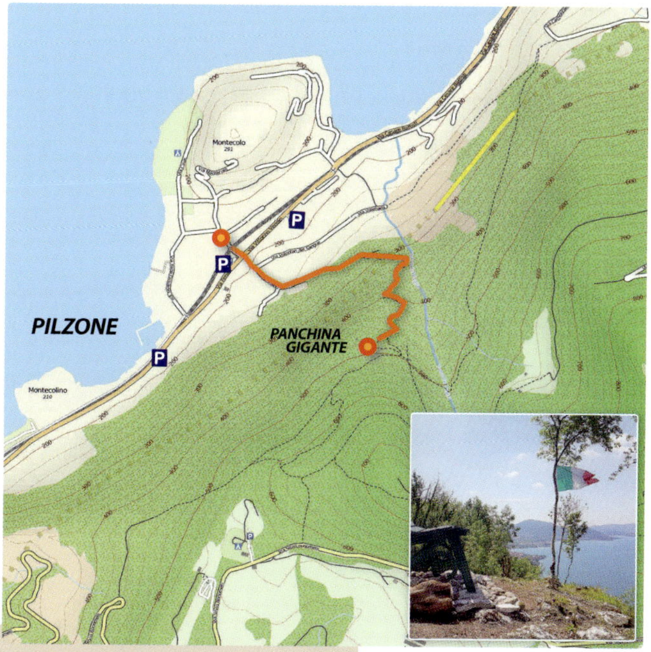

Panchina Gigante und San Fermo (0,75 h)

Von der Hauptstraße kommend, zweigt man beim ‚liegenden Anker' in den alten Ortskern ein. Linkerhand befindet sich eine Infotafel zum historischen Pilzone. Betreten Sie anschließend die Via Silone und folgen dieser bis zu einer Gabelung, ein vergammeltes Wanderzeichen weist den Weg nach links. Schon bald verjüngt sich der Weg zu einem Pfad, der nun auch für Fahrräder und Motorräder gesperrt ist (Wanderweg 242). Wenig später geht es auf Steinplatten steil bergauf. In einigen Serpentinen gewinnt man schnell ca. 250 Höhenmeter. Zunächst erscheint die Kapelle und nach wenigen Schritten ist die riesige grüne Bank erreicht. Die Aussicht auf den See ist gewaltig. Zurück zum Ausgangsweg geht es über die gleiche Strecke.

Anfahrt | Pilzone hat keinen Schiffsanleger, so fällt eine attraktive Möglichkeit der Anreise schon einmal flach. Parkplätze gibt es entlang der Hauptstraße sowohl im südlichen (nach der Post), wie auch im nördlichen Ortsbereich; der südliche ist beliebter und kürzer. Auf dem Weg zum Hauptplatz des Ortes findet sich sowohl ein Tabakshop, der kleine Snacks und Getränke anbietet, als auch ein kleiner Lebensmittelmarkt (Panificio/Alimentari) mit durchschnittlichem Angebot. Restauranttipp: Ristorante La Perla in Pilzone; einfache Pizzeria ohne besondere Highlights.

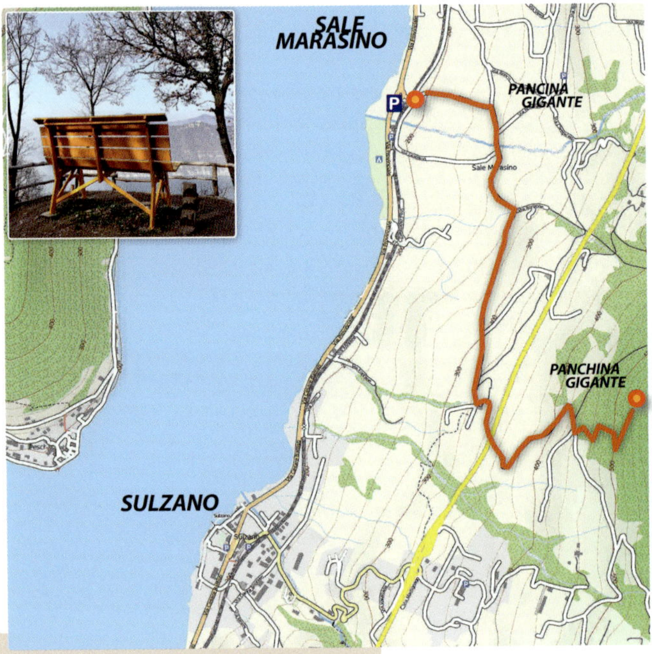

Panchina Gigante di Sale Marasino (0,5 h)

Die Bank von Sale Marasino liegt im Ortsbereich von Maspiano, etwas zurückgesetzt zwischen Sulzano und Sale Marasino. Leider verläuft der Großteil des Weges auf Asphaltstraßen, nur das letzte Stück (etwa 10 min.) ist ein Waldpfad. Die Tour wird in Maspiano gestartet, Parkplätze gibt es nach dem Ortseingang rechts. Nach 50 m halten Sie sich vor der Kirche links, folgen im Weiteren der nun sich allmählich verschmälernden und mäßig ansteigenden Straße. Nach einem 1 km und zwei scharfen Kurven erreichen Sie die Abzweigung zur Big Bench. Ab hier sind es nur noch 10 min. bergauf durch mittelhohen Laubwald. Die Installation ist quasi aus dem Wald herausgeschnitten, der Blick auf die Monte Isola und den Peschiera del Maraglio ist sehr beeindruckend.

Panchina Gigante di Rogno (Val Camonica; 0,5 h)

Am nördlichen Ende des Lago d'Iseo schließt das landschaftlich vielseitige Val Camonica an. Es ist berühmt für seine Felszeichnungen. Bei Rogno, ca. 5 km vom See entfernt, befindet sich die 4. Big Bench in der Region Iseosee. Der gut halbstündige Wanderpfad führt zu einer Lichtung, von der man einen vorzüglichen Blick auf die Seelandschaft hat. Der Weg selbst hat keine besonderen Schwierigkeiten und beginnt beim Friedhof der Gemeinde auf der gegenüberliegenden Seite.

Anfahrt | Fahren Sie am besten über Costa Volpino in Richtung Rogno; der Ausgangspunkt der Wanderung liegt allerdings vor dem Ort, sodass Sie am ersten Kreisel der Beschilderung Castelfranco folgen; selbst die ‚panchina gigante' ist ausgeschildert. Folgen Sie der Hauptstraße ca. 1, 5 km , dann erreichen Sie links den Friedhof (cimitero). Parkplätze am Friedhof und 100 m weiter am Ortseingang links. Restauranttipp: Fein speisen kann man im Tentazioni Ristorante in Costa Volpino, Via Marco Polo 2d.

Impressum

Zwischenräume Verlag Robert Hüther
Markbronner Weg 11
D-89077 Ulm

1. Auflage 2022; ISBN 978-3-943663-30-3

Texte und Recherche
Robert Hüther

Fotos und Abbildungen
Robert Hüther, visitlakeiseo.info
Titel und innen: Robert Hüther

Kartografie
www.alpenkarte.eu. Daten von OpenStreetMap - Veröffentlicht unter ODbL; Leaflet | Map tiles © Schneider Geo, Map data © OpenStreetMap contributor; Kartendaten können unter derselben Lizenz weiterverwendet werden.

Druck
Wir machen Druck; Backnang

Kontakt
eMail: info@zwischenraeume-verlag.de
Internet: www.zwischenraeume-verlag.de

Produkte aus dem **Zwischenräume Verlag**:

... seit 10 Jahren auf Reisen!!!

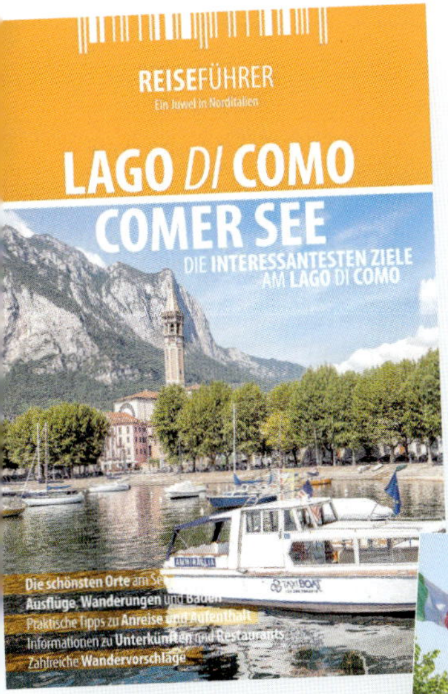

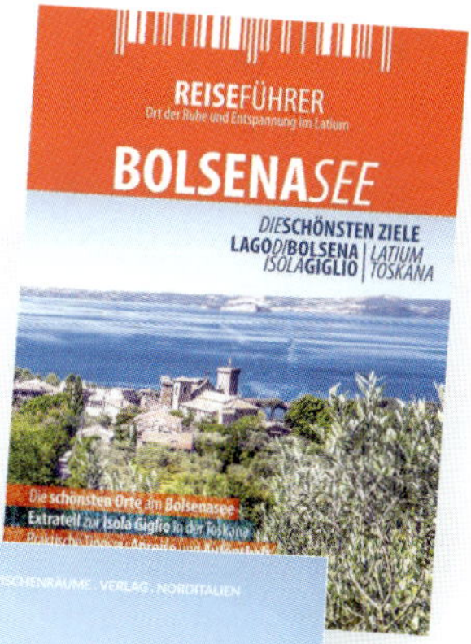

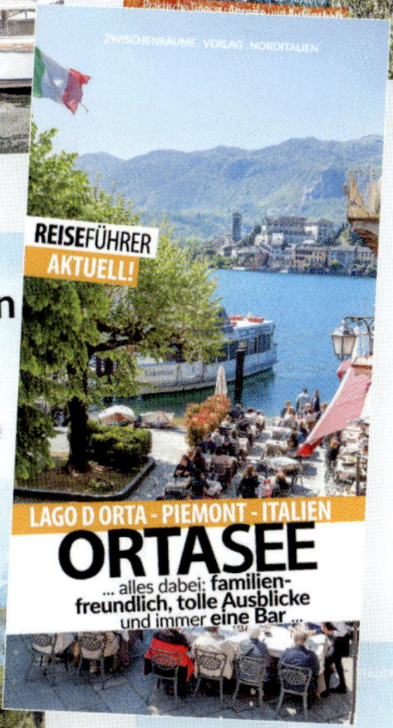

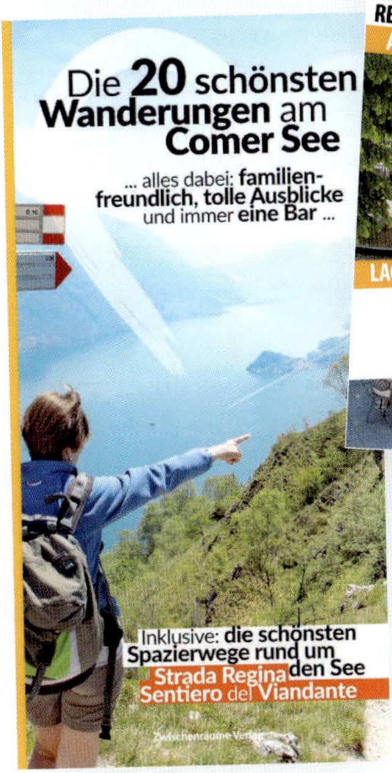

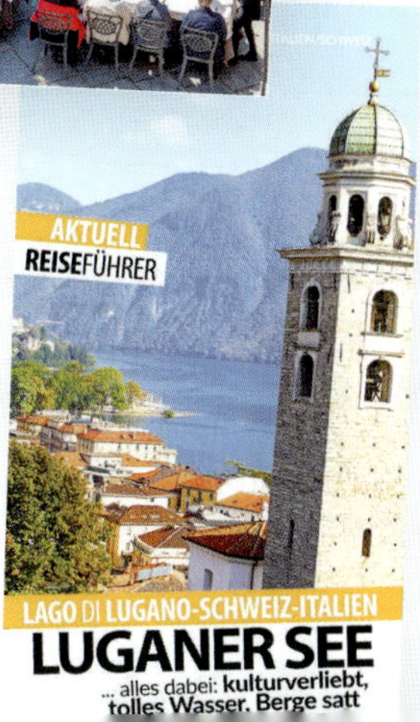